涉外施工国有企业和谐劳动关系构建研究

——以中铁十八局国际公司为例

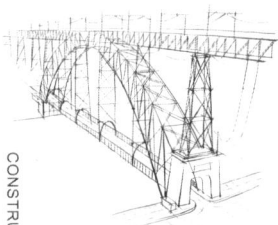

李理　李勇　编著

CONSTRUCTION STUDIES ON
HARMONIOUS LABOR RELATIONS IN
STATE OWNED ENTERPRISES
WITH FOREIGN CONSTRUCTION

天津社会科学院出版社

图书在版编目（CIP）数据

涉外施工国有企业和谐劳动关系构建研究：以中铁十八局国际公司为例 / 李理, 李勇编著. -- 天津：天津社会科学院出版社, 2017.12

ISBN 978-7-5563-0422-6

Ⅰ.①涉… Ⅱ.①李…②李… Ⅲ.①国有企业—涉外工程—劳动关系—研究—中国 Ⅳ.①F279.241

中国版本图书馆CIP数据核字(2017)第302274号

涉外施工国有企业和谐劳动关系构建研究
Shewai shigong guoyouqiye hexie laodongguanxi goujian yanjiu

出版发行：天津社会科学院出版社
出 版 人：钟会兵
地 　址：天津市南开区迎水道7号
邮 　编：300191
电话/传真：（022）23360165（总编室）
　　　　　（022）23075303（发行科）
网 　址：www.tass-tj.org.cn
印 　刷：北京建宏印刷有限公司

开 　本：910×1230毫米 1/32
印 　张：7.5
字 　数：161千字
版 　次：2017年12月第1版　2017年12月第1次印刷
定 　价：48.00元

目　录

第一章 相关概念及理论依据

第一节 相关概念

一、劳动关系

（一）劳动关系的定义

劳动关系是由英文"laborrelations"翻译而来。我国学者关于劳动关系概念进行了深入研究，但至今尚未达成一致。

郭庆松（2002）认为，劳动关系是指劳动力使用者与劳动者在实现劳动的过程中所结成的一种社会经济利益关系。在不同的语境下，劳动关系也被称作劳资关系、雇佣关系、雇员关系、劳使关系甚至产业关系等。劳资关系或雇佣关系是出资人与劳动者或雇主与雇员之间的关系；雇员关系反映的也是雇主与员工之间的关系，但它更加强调雇主在个人层次上加强与员工队伍的直接交流和与雇员的关系；日本人常用劳使关系，其用意在于明确劳动关系是劳动者与劳动力使用者之间的关系；美国学者常用产业关系的概念，用以表明产业经济学中的雇佣关系[①]。

①郭庆松.当代劳动关系理论及其最新发展［J］.上海行政学院学报，2002（02）：101-112.

常凯（2004）认为，劳动关系是劳动者与劳动力使用者为实现生产过程所结成的社会经济关系。他认为劳动关系是劳动法调整的对象，包括个别劳动关系、集体或团体劳动关系、社会劳动关系或产业关系三方面的内容，三个方面是逐级包容，又表现为相对独立的形态[①]。

邵芬等（2006）认为，劳动关系是在一定的生产资料所有制的基础上，人们在社会劳动过程中彼此之间发生的社会联系。劳动关系有广义和狭义之分，广义是指劳动主体在整个生产、交换、分配和消费过程中发生的社会关系；狭义则是指劳动法所调整的劳动关系，即劳动者与用人单位之间，为实现劳动过程而发生的一方有偿提供劳动力，另一方有偿使用劳动力的社会关系[②]。

刘铁明等（2007）认为，劳动关系包括劳动者劳动关系的建立状况（劳动合同）、劳动者权益的实现状况（劳动条件）、劳动者的组织状况（工会）、集体合同和集体谈判的状况以及劳动纠纷的解决等等[③]。

林汉权（2007）延伸出双重劳动关系，系劳动者同时与两个用人单位存在劳动关系，该劳动关系可能是劳动合同关系，也可能是事实劳动关系[④]。

虽然以上学者关于劳动关系概念的表述不尽一致，但都从不同侧面描述了劳动关系的内涵，表现在以下方面。

---

①常凯.论个别劳动关系的法律特征——兼及劳动关系法律调整的趋向［J］.中国劳动，2004（04）：14-17.

②邵芬，赵元松.劳动关系与雇佣关系研究.云南大学学报，2006（03）：49-63.

③刘铁明，罗友花.中国和谐劳动关系研究综述［J］.马克思主义与现实.2007（06）：39-:142.

④林汉权.双重劳动关系法律问题研究［J］.中国劳动关系学院学报，2007（01）：30-36.

1.劳动关系的主体

劳动关系主体是发生劳动关系的各方。

在劳资关系中,劳动关系主体是指出资人和劳动者。出资人,在企业称为老板,是指一个经济主体创建的时候投入资金、关键设备或产权的自然人。劳动者是指有劳动能力且从事劳动获取合法收入的公民,包括体力劳动者和脑力劳动者。

雇佣关系中,劳动关系主体是指雇主和雇员。雇主一般是指由于拥有法律赋予的对组织的所有权而在社会组织中具有主要经营决策权力且向雇员支付工资的自然人或团体。雇主团体,也称为雇主组织,是由雇主依法组织的,代表和维护雇主利益用以调整雇主与雇员之间劳动关系的团体组织,比如行业协会、雇主协会、企业家协会等。雇员是指在就业组织中本身不具有基本经营决策权力并从属于这种权力的工作者。雇员也分为个体和团体,其中雇员团体是指因为共同利益、兴趣或目标而组成的组织,包括工会和类似于工会组织的雇员协会和专门的职业协会。

雇员关系中,劳动关系主体包括雇主和员工。员工是指就业组中各种用工形式的人员,包括固定工、合同工、临时工,以及代训工和实习生等。

劳使关系中,劳动关系主体包括雇主和雇员,其基本含义等同雇佣关系。

2.劳动关系客体

劳动关系的客体是指主体双方的权利义务的具体对象,即劳动者的劳动行为。作为劳动法调整对象的劳动关系,符合四个方面的特征:一是法定义务,劳动行为不同于助人为乐行为;二是基于合同关系产生,即劳动行为是基于雇主与劳动者之间的劳动合同或雇佣关系而产生；三是有报酬的，即劳动者通过劳动获取报酬并以此为生；四是职业性质的，即劳动者以劳动行为谋生。

二、企业劳动关系

企业劳动关系是指在劳动过程中，企业与劳动者（这里主要指在城镇从事物质生产获得工资收入的工人）发生的各种社会经济关系。企业劳动关系应包含三个因素：第一，企业劳动关系的状况主要取决于特定的制度环境，这里所说的制度环境，是指一系列用来建立生产、交换与分配基础的基本的政治、社会和法律基础规则；第二，企业劳动关系究其实质是企业组织与劳动者相互博弈而形成的一种利益归属关系；第三，企业劳动关系既涉及到企业和劳动者本身，也涉及到工会和政府等组织[①]。

1. 企业劳动关系环境

企业劳动关系环境主要是指能够对劳动关系产生系统影响的各种因素。

（1）经济环境

市场的变化，自然影响消费者需求，这些变化都会通过失业率、工资水平和结构影响企业劳动关系。比如说，改革开放以来，我国经济经历了30多年高速运行，随着社会财富的增加，用工工资成本逐步上升，自然会影响到企业的劳动关系；"十二五"末期，全球经济增长低迷，中国经济步入经济新常态，经济增速从高速转为中高速，粗放型增长转向质量效率性增长，外部环境的变化自然会影响到就业结构和工资结构，从而影响到企业劳动关系，并且，这种影响在持续加深。

---

①许彦.新型企业关系协调机制的构架思考［J］.中共四川省委党校学报，2007（03）：
　38-41.

（2）技术环境

"科学技术是第一生产力。"技术环境影响到劳动生产率，自然会对劳动关系产生巨大影响。18世纪60年代至19世纪上半叶，英国发生工业革命，棉纺织技术革新、瓦特蒸汽机的发明和广泛使用，棉纺织业、金属冶炼业、机器制造业、交通运输业等新兴产业先后出现；19世纪70年代到20世纪初，以德国和美国为代表，爆发了第二次工业革命，电力工业、钢铁产业、化学工业、汽车制造业、造船工业等新兴产业不断出现；20世纪40年代，以美国为代表，爆发了第三次科技革命，电子计算机、原子能、空间技术、生物工程的发明和应用，极大地提高了劳动生产率，促进了经济的迅速发展。三次科技革命，催生了新兴产业，改变了工业布局，对当时的劳动关系产生了重要影响，19世纪20年代至40年代，英国宪章运动、法国里昂工人起义和德国西里西亚纺织工人起义频频爆发，都是基于技术环境下，劳动者在大工业生产中的重要性日益提升，但工人阶级并没有得到相应的报酬，于是，以工人为代表的无产阶级通过起义等暴力手段争取自己的权益，标志着一支新的力量开始登上历史舞台。另外一个例证则是发生最近今年，由于人口红利逐渐丧失，招工难现象困扰着企业，浙江、江苏、广东等地的企业纷纷实施"机器换人"计划，利用高智能机器臂和机器人代替人工，实现了降低运营成本和产品质量提升的双重效应，但随之而来，工人失业在一定程度上集中爆发，对此，我国学者对这一技术环境变化下劳动关系的发展开始了持续关注。

（3）政策环境

政策是国家政权机关、政党组织和其他社会政治集团为了实现自己所代表的阶级、阶层的利益与意志，以权威形式标准化地规定在一定的历史时期内，应该达到的奋斗目标、遵循的行动原则、完成的明确任务、实行的工作方式、采取的一般步骤和具体措施。不同时期，处于执政的需要，政策制定者颁行不同的政策，必然对企业劳动关系产生重要影响。比如，自20世纪90年代以来，我国政府致力于建立健全社会保障制度，围绕着基本养老、基本医疗等颁布实施了一系列政策法规，客观上加大了企业的用工成本，很显然，"五险一金"政策环境下，企业劳动关系相对于此前计划经济下的劳动关系，可谓千差万别。

（4）法律和制度环境

法律和制度环境对企业经营空间形成硬约束。企业必须在法律和制度的框架下运行，自然其劳动关系也需要遵从相关的法律制度。比如，自2004年3月1日起《最低工资规定》开始试行，各省市区制定本行政区域内的最低工资标准，就对企业用工的起薪产生重要影响。还比如，我国自1986年开始针对员工工资薪金征收个人所得税，其后，个人工资薪酬免征额多次调整，1993年10月31日调增至800元，1999年部分地区（如北京、天津等）上调至1200元，2005年10月27日调增至1600元，2007年12月23日调增至2000元，2011年9月1日调增至3500元。个人收入免征额的调整影响了企业的薪酬水平和薪酬结构，自然对企业劳动关系产生巨大影响。

（5）社会文化环境

近些年来，党和政府不遗余力地推进和谐文化建设，社会文化环境有了整体改善，以人为本的理念以及开放、平等、民主、法制观念逐渐被广大民众认可和接受，加之各类媒体机构强化监督，为塑造良好和谐的企业劳动关系营造了良好的舆论氛围。社会文化环境的改善将对企业管理者和劳动者的观念和行为产生潜移默化的影响，助推我国企业劳动关系整体向好。

2. 利益归属关系

利益归属关系涉及企业管理者和劳动者的利润分配，是企业劳动关系的重要组成部分。企业利益归类涉及国民收入的初次分配和二次分配。

国民收入的初次分配是在创造它的物质生产领域进行的分配，这种分配主要由市场机制形成，政府通过税费杠杆和法律法规进行调节和规范。中华人民共和国成立以后，我国长期坚持按劳分配，改革开放以后，资本、技术等要素慢慢参与到其中。具体而言，20 世纪 80 年代中期之前，国民收入初次分配方式是按劳分配，多劳多得；20 世纪 80 年代中期至 90 年代初期，分配方式演变为按劳分配为主体，其他分配方式为补充；90 年代初期至 90 年代后期演变为按劳分配为主体、多种分配方式并存；1997 年至 2002 年演变为按劳分配与按要素分配相结合；2002 年至今，劳动、资本、技术和管理等生产要素参与分配，按劳分配为主体、多种分配方式并存。有学者针对我国初次分配政策进行了深入研究，得出了如下结论：在国民收入初次分配格局中，企业所得增长较快，政府所得次之，劳动者所得增长较慢。统计资料显示，劳动者在 GDP 的占比持续走低，从 1993 年的 55.6% 下降到 2007 年的 39.74%，2013 年下降到到 35%，而欧洲同期劳动者占比为 63%。正因为如此，切实提高劳动者报酬占比成为时下社会科学研究的热点内容之一。

国民收入再分配是继初次分配之后在整个社会范围内进行

的。进行再分配的原因是多方面的，一是满足和促进非物质生产部门发展的需要。因为初次分配只是在物质生产领域进行的，非物质生产部门和行业尚未获得收入，需要通过再分配的方式将初次分配物质生产部门获得的原始收入的一部分转让给国民收入的非物质生产部门，形成参与服务、国防建设等部门发展的劳动者的劳动报酬。二是保证重点建设和国民经济协调发展的需要。政府会将自己在初次分配活动中获得的收入，通过预算等形式在部门、行业、地区之间调节使用，保证国家重点建设项目得以顺利进行，促进国民经济协调按比例发展。三是完善社会保障制度的需要。为了提高全体民众的社会保障程度，政府需要提供包括医疗、卫生、养老等基本公共服务，再次分配使得社会保障体系得以建立和完善。四是应对突发事件的需要。国民经济运转过程中，不可避免地会遭受自然灾害、突发事件的干扰，政府正是通过再次分配建立社会后备基金，以备不需。再分配的方式包括公共预算、银行信贷、劳务费用和价格变动等。

3. 工会与政府的作用

在企业劳动关系中，工会和政府发挥着重要作用。

《中华人民共和国工会法》规定，工会是职工自愿结合的工人阶级的群众组织；工会在维护全国人民总体利益的同时，通过平等协商和集体合同制度，代表和维护职工的合法权益；企业、事业单位违反劳动法律、法规规定，有下列侵犯职工劳动权益情形，工会应当代表职工与企业、事业单位交涉，要求企业、事业单位采取措施予以改正；企业、事业单位应当予以研究处理，并向工会做出答复；企业、事业单位拒不改正的，工会可以请求当地人民政府依法做出处理：克扣职工工资的、不提供劳动安全卫生条件的、随意延长劳动时间的、侵犯女职工和未成年工特殊权益的、其他严重侵犯职工劳动权益的。从这些法律规定可以看出，工会在调整劳动关系，维护劳动者合法权益方面发挥着重要作用。

作为公共利益代表的各级政府在调整和规范企业劳动关系方面发挥着无可替代的作用，主要表现在以下几方面：一是通过法律法规的制定调整企业劳动关系。比如《劳动合同法》就是为了完善劳动合同制度，明确劳动合同双方当事人的权利和义务，保护劳动者的合法权益，构建和发展和谐稳定的劳动关系而制定的法律。二是维护公共利益。市场经济条件下，劳动关系各个层级均面临严峻现实，个别劳动关系资强劳弱、集体劳动关系主体缺失和社会劳动关系基准失当，政府通过在宏观层面上完善劳工政策法规，严格而适度监管；建立劳方自治组织，转变工会职能；简化程序，降低维权成本，畅通利益诉求渠道，确保社会弱势群体利益得到切实保障[①]。三是公共部门的雇主。为了弥补市场失灵，履行政府行政管理职能，任何国家都需要设立相关公共部门，包括公共企业、非营利组织和国际组织等，政府作为雇主招募公务人员和共用事业部门的雇员在公共部门工作，作为雇主的政府为其雇员提供合法、合理的劳动条件，同时以模范雇主的身份参与和影响劳动关系，政府力图将这种良好的劳动关系作为私营部门的"样本"，吸引后者仿效和推广。四是提供有效服务。为民众提供公共服务，既是政府弥补市场失灵之举，也是政府的应尽职责。多年来，基层政府致力于完善就业服务体系，加强就业指导，主办各种类型的

①曹绪红.政府规制视角下的劳动关系探析［J］.东岳论丛，2013（11）：158-162.

人才交流会议；发挥司法和仲裁机构的职能，认真妥善地处理各类劳务纠纷；以财政补贴等形式支持企业加大员工培训，连续多年提高职工基本养老金。这些公共服务有效地推动了和谐劳动关系的发展。

三、国有企业劳动关系

习近平指出，国有企业在关系国家安全和国民经济命脉的主要行业和关键领域占据支配地位，是国民经济的重要支柱。20世纪90年代以来，国有企业成为改革的重点，随着现代企业制度在国有企业逐步建立健全以及经营机制向市场转变[①]，国有企业的劳动关系发生了重大变化，表现为以下几方面：一是作为劳动力要素的劳动者的流动性明显增强，跨区域流动证明国有企业劳动关系相对于计划经济有了明显的市场化方向发展态势，除了国家调控以外，市场手段对劳动关系的调整作用发挥着日益明显的作用。二是政企分开，政府逐渐从企业劳动关系中退出，确立了经营者和劳动者在劳动关系的主体身份。三是随着全员合同制的推行，国有企业劳动关系调整由计划经济的行政手段逐步实现规范化和法制化。四是工会的作用逐渐强化，承担着党政信息传递和维护劳动者合法权益双重职能。

四、国有企业和谐劳动关系

随着现代企业制度在国有企业逐步建立健全，构建国有企业和谐劳动关系是党和政府致力达成的目标。我国学者对于和谐劳动关系进行了持续深入的研究。王贤森（2005）认为，国有企业和谐劳动关系，是指在现代企业制度下，劳动关系各主体之

[①]郭庆松.当代中国国有企业劳动关系研究述评［J］.上海行政学院学报，2007（05）：92–102.

间达成相互沟通、依法协调、有序参与、积极有为、公平正义、和睦相处的状态[①]；李培志（2005）认为，实现国有企业劳动关系双方权利和义务等平衡是和谐劳动关系的实质所在[②]；高爱娣（2006）认为，国有企业和谐劳动关系追求的目标是以法律制度来保障劳动关系各主体的利益诉求，依靠国家干预和市场调节实现国有企业自我化解和消除利益冲突，促进整个社会的公平与公正[③]；赵海霞（2007）强调，国有企业的和谐企业劳动关系是指劳动关系的各主体在理念、利益和行为等方面协调有序，保证各方权利和义务的相对平衡，营造一种友好合作的新型伙伴关系，这一新型劳动关系构建的目标在于提高劳动者素质和生产效率，同时增强企业核心竞争力、提升企业利润[④]。

第二节　劳动关系理论

一、劳动价值理论

劳动价值理论是被奉为"现代经济学之父"的亚当·斯密（1723-1790）提出的。1765-1776 年，亚当·斯密用了十二年的时间完成了经典著作《国富论》，在这本著作里，他针对资本主义劳动关系提出了一系列理论。其一是分工理论。他认为，劳动分工能使劳动者因业专而日进，从而节省了工种转换的时间，熟练工人发明的机器使得劳动简便性大大增强，能实现一个人干多

---

①王贤森.当前和谐劳动关系构建中的新视角——《工会法》实施中若干问题的反思［J］.中国劳动关系学院学报.2005（05）：14-18.

②李培志.试论和谐劳动关系的构建［J］.中国劳动关系学院学报，2005（06）：32-36.

③高爱娣.社会主义和谐劳动关系理论概述［J］.工会理论研究。2006（05）：31-34.

④赵海霞.企业劳动关系和谐度评价指标体系设计［J］.中国人力资源开发，2007（07）：85-88.

个人的活①，因此，劳动分工带来了劳动力的增进、高超的劳动技巧和较强的判断能力。其二是劳动价值理论。他认为，劳动是一切商品价值的源泉，商品的交换价值是由劳动这一真实尺度决定的，这一观点纠正了重商主义（财富来源于流通领域或商业活动）和重农学派（农业是财富唯一来源）的错误思想。其三是分配理论。他认为在资本主义社会，资本家雇佣工人进行劳动生产，资本家、工人和地主要共同分析劳动价值，包括利润、工资和地租三个部分；工人的工资必然随着资本的积累而不断提高，因为收入和资本的增加就是国民财富的增加。

二、剩余价值理论

剩余价值理论是伟大的革命导师卡尔·马克思（1818–1883）提出的。早在二百多年前，马克思就针对资本主义劳动关系进行了深入研究，形成了传世的经典理论。马克思认为，资本主义劳动关系中，工人始终处于被支配、服从的地位，因为，工人必须依赖资本家，靠提供劳动获取生存资料；在利益归属方面，资本家除了获取利润以外，还享受股息、红利等收益，而劳动者除了以劳动换取工资收入，别无所有。马克思进一步指出，无产阶级和资产阶级是一对相互依赖、彼此互为前提的矛盾体。二者在利益上存在着根本的、不可调和的冲突和矛盾，冲突和矛盾的根源是资本主义私有制，在这种生产关系下，资本与劳动分离，必然形成资本与劳动之间服从与被服从、剥削与被剥削的关系②。

马克思劳动关系理论的闪光点在于剩余价值理论。1847年，马克思在《雇佣劳动与资本》的著名演讲中指出，"工人拿自己

①曹晔.社会职业演变的六大趋势及其理论依据［J］.中国职业技术教育，2010（21）：32-37.
②彭五堂.马克思劳动关系理论探析［J］.山西高等学校社会科学学报，2011（10）：9-13.

的劳动换到生活资料，而资本家拿归他所有的生活资料换到劳动，即工人的生产活动，亦即创造力量。这种力量不仅能补偿工人所消费的东西，并且还使积累起来的劳动具有比以前更大的价值。"[1]这是马克思第一次将剩余价值理论公之于世。其后，马克思对剩余价值理论进行持续的研究，至19世纪50年代末，完成了这一经典理论的研究。1865年，马克思在《工资、价格和利润》报告中指出，劳动创造的价值大于劳动力本身的价值就是剩余价值，这是马克思第一次发表剩余价值理论。剩余价值理论产生后，被世界各国奉为经典，并在世界各国传承和发扬，至今仍发挥着引领劳动关系理论研究的作用。

马克思认为，工人自身提高工作生活条件的能力在资本主义社会受到非常严重的限制；政府是资产阶级的工具，是为保护和加强资本主义产权服务的；资产阶级和无产阶级之间的分化会不断扩大，最终引发资本主义经济危机。这些都是马克思关于资本主义劳动关系贡献，至今仍具有鲜活的生命力。

三、工业资本主义理论

1973年，美国社会学家丹尼尔·贝尔（1914-2010）在其著作《后工业社会的来临》中，将人类社会分为三个阶段，即前工业社会、工业社会和后工业社会。

工业资本主义理论最早是法国社会学家埃米尔·迪尔凯姆（1858-1917）提出的，1893年他出版了工业主义理论的开山之作《社会劳动分工》。埃米尔·迪尔凯姆生活的年代恰逢英国工业革命对世界各国产生重大影响的时期，这一时期，在新的生产力的影响下，劳动关系产生了巨大变化。他认为，从"前工业化

---

①马克思，恩格斯．马克思恩格斯全集（第6卷）［M］．人民出版社1961年版，第489页．

社会"到"工业化社会"过渡过程中,随着工业化程度的逐步推进,劳动分工越来越明显,个人相互依赖程度明显增强,阶级冲突也随之发生,表现为"无机整体"瓦解的"病症";随着工业化进程的推进,企业的所有者越来越分散,同管理者逐渐分离,工会和集体谈判更加成熟①。

其后,英国不列颠大学的琼·伍德沃德和美国经济学家罗伯特·布劳纳发展了工业资本主义理论,成为"后工业化社会理论",他们认为,在后工业化社会中,随着技术的不断进步,蓝领或产业工人不复存在,社会由生产产品转向提供服务;小型组织逐渐代替集权制的大型组织,员工在小型组织中的参与程度更高、适应性行更强;机器和机器人会代替工人进行大部分体力劳动,劳动操作的枯燥感大大降低;管理方对劳动成本及员工个人的劳动生产率的重视程度有所降低;劳资双方之间的利益冲突终将因为工业化的出现而终结;代表工人阶级利益的工会作用将变得十分有限,仅仅是支持合作、为工人提供经济服务。工业化理论传入我国后,我国学者对此进行了深入研究,目前有关中国一线城市已步入后工业化社会,即是该理论在我国的应用。

四、产业民主理论

产业民主理论是由英国悉尼·韦伯(1859—1947)与比阿特丽斯·波特(1858—1943)夫妇提出的。韦伯夫妇生活在19世纪末20世纪初的英国,他们是费边社的创始人,是社会民主主义的信仰者,也是西方劳工运动理论的先驱。1894年,韦伯夫妇在其著作《产业民主》著作中提出产业民主理论,该理论主张

---

① 黑启明. 劳动关系理论研究的经济社会视野 [J]. 工会论坛(山东省工会管理干部学院学报), 2006(02): 17-19.

包括政治民主和经济利益两方面。在政治民主方面，他们希望工人阶级参与到有关遣散、开除等歧视性决策和调解中；在经济利益上，他们希望工人阶级能过参与到关于工资和其他劳动条件的决定过程中[①]，改变传统雇佣关系中仆从地位。

产业民主理论提出之初，致力于解决企业效率和民主管理之间的矛盾，因为，过分强调生产效率，必然会带来管理的集中化问题，导致权力滥用；但过分强调民主，则又可能降低企业效率。韦伯夫妇建议通过职业代表这一过渡力量解决这一矛盾。由社会各领域专家组成的职业代表在工人阶级和管理者之间起沟通和咨询的作用，他们通过调研获取工人阶级的实际情况，同时负责向管理者反映工人阶级的真实需求，并发挥自己专业优势，提出解决实际问题的具体办法和措施，通过这一途径能有效解决民主与效率的困境问题。[②]

韦伯夫妇认为，工会是实现产业民主的有效机制，可以通过限制人数和共同规则两种经济策略提高劳动条件。[③]集体协商理论产生后，对后世产生了重要影响。近些年来，我国政府致力于构建以工会为平台的工资协商制度，用以平衡劳资双方力量，构建和谐劳动关系。

五、集体行动理论

集体行动理论是制度学派代表人物之一的美国学者约翰·罗杰斯·康芒斯（1862-1945）提出的。19世纪末20世纪初，当时，

①冯力.走出劳动关系市场化的迷思［J］.中国工人，20016（02）：14-21.
②徐学谦.韦伯夫妇社会改良思想与实践评介［J］.当代世界社会主义问题，2008（01）：24-31.
③余敏.谈工会的策略——读韦伯夫妇《产业民主》有感［J］.生产力研究，2012（08）：247-249.

美国垄断资本主义发展迅速，由于资产阶级和无产阶级贫富严重分化，导致阶级矛盾尖锐，罢工运动持续而激烈。康芒斯主张通过道德、经济和法律等制度的完善来控制包括罢工等集体行为。康芒斯一生著作较多，包括《财富的分配》（1893）、《美国产业社会史料》（1910）、《美国劳工史》（1918）、《资本主义的法律基础》（1924）、《制度经济学》（1934）等。康芒斯在其著作中将社会关系描述为冲突、依存和秩序三类，其中，冲突和依存相互制约，社会秩序得以维持，从冲突到依存再到社会秩序的建立，需要法律进行调节。康芒斯认为，法律制度是推动社会经济发展的最主要的力量，他希望通过法律来管理经济，实现社会经济的发展。

与马克思的观点不同，康芒斯认为，资本主义社会除了资产阶级、无产阶级以外，还存在着其他经济阶级，这些经济阶级为了自己的利益相互之间进行着持续不断的冲突，在这种境况下，有必要通过规则和制度的建立来缓和这些冲突。另外，康芒斯认为工会不具有阶级属性，作为工人联合起来的一种特殊力量，就工资和雇佣等问题与雇主进行集体谈判。

20世纪二三十年代，以康芒斯为代表的学者将古典制度经济学推向了繁荣，但其后的几十年的时间里，该学派在全世界范围内遭到排斥和忽视，但我们不能否认其对现代制度主义经济学的贡献，特别是其关于完善法律制度等观点对现代社会产生的重要影响。近年来，我国政府不断完善劳动法律制度也在一定程度上印证了这一点。

六、政府干预理论

政府干预理论是被奉为"宏观经济学之父"的英国经济学家约翰·梅纳德·凯恩斯（1883-1946）提出并发展成熟的。第一次世界大战之后，经济发展受到重创，企业开工不足，工人大量失业，1929年至1933年世界经济危机更是雪上加霜。凯恩斯目睹这一时期资本主义社会的各种矛盾，1936年凯恩斯出版了《就业、利息和货币通论》，在这部巨著中，凯恩斯为医治各种危机，消弭阶级矛盾，挽救资本主义制度开出了药方，即实行政府干预。在他看来，逆经济风向的宏观财政政策和货币政策能刺激消费，增加投资，以提高社会有效需求，从而实现充分就业。在财政政策方面，他主张，政府执行扩张性财政政策，扩大财政支出，增加政策采购，此举能有效刺激消费需求，刺激经济的恢复；通过税收制度改革和发行公债，弥补财政赤字和增加财政投资的重要资金来源，以弥补私人消费的不足。在货币政策方面，他主张，政府应通过对货币供给量的调节来调节利率，再通过利率的变动来影响总需求。在他看来，货币政策可以分为扩张性的货币政策和紧缩性的货币政策。在经济萧条时期，应采取扩张性货币政策，其目的是通过增加货币的供给带动利率的降低，使得资本获取更为容易；在通货膨胀时期，应采取紧缩性货币政策，通过削减货币供给带动利率上涨，抑制通过膨胀的上升的态势。凯恩斯理论在战后被各国被奉为经典，对世界经济恢复产生了重要作用，因此，凯恩斯也被称为"战后繁荣之父"。

凯恩斯政府干预理论对劳动关系产生了重要影响，表现之一是邓洛普提出和发展了现代劳动关系系统理论。邓洛普出生于1914年，青年时期，正值美苏冷战，他接受了凯恩斯理论，创立了现代劳动关系系统理论，目的在于通过在资本主义生产方式范围内调整生产关系，在体制内调节劳动关系，缓和阶级矛盾，以此实现资本主义制度的长治久安。1944年，邓洛普出版了《工会下的工资决定》一书，认为工会是经济制度中的经济"活动人"，其行为可以用工资和雇佣最大化经济模型来解释；[①]1950 年，邓洛普出版《产业与劳动关系评论》，在这本书中，他提出了一个理解劳资关系和集体谈判的分析框架，建议在分析中考虑经济、技术和社会等因素的相互作用；1958 年，邓洛普出版《劳动关系系统论》，在这本著作中，他指出，劳动关系系统在每一个发展阶段都有其特定的组成部分：一是行为主体，包括管理阶层、雇员和政府机构；二是环境，包括工作场所和工作团体的技术条件、市场或预算约束和整个社会系统中权力所在和分配；三是意识形态，即行为主体所奉行的思想和信念；四是规则，即用来约束行为者在工作场所雇佣关系的规章制度，制定和建立规则的过程是劳动关系研究的核心所在。

七、人性理论

劳动关系是雇员与雇主的关系，说到底，是人与人的关系。长期以来，国内外学者们关于"人"有着非常深入的研究，对人性的理解逐步加深，形成了各自不同的理论，这些人性理论对劳动关系产生了极其深远的影响。

关于人性的理解，我国传统文化有很多的贡献，代表性观点包括以下几类。一是人性善，代表人物是孟子（公元前 372 年 – 公元前 289 年），在《滕文公上》记载："滕文公为世子，将之楚，过宋而见孟子。孟子道性善，言必称尧舜。"人性善的观点对后世产生了重要影响。二是人性恶，代表人物是荀子（约公元前 313 年—公元前 238 年），在《性恶篇》中，荀子说道："人之性

---

①郭庆松.当代劳动关系理论及其最新发展.上海行政学院学报.[J].生产力研究，2002（02）：101–112.

恶，其善者伪也。今人之性，生而有好利焉，顺是，故争夺生而辞让亡焉；生而有疾恶焉，顺是，故残贼生而忠信亡焉；生而有耳目之欲，有好声色焉，顺是，故淫乱生而礼义文理亡焉。然则从人之性，顺人之情，必出于争夺，合于犯分乱理，而归于暴，故必将有师法之化，礼义之道，然后出于辞让，合于文理，而归于治。用此观之，然则，人之性恶，明矣。其善者伪也。"三是人性不善不恶，代表人物是告子（生卒不详，传为孟子的弟子），在《孟子·告子》一文中记录着孟子与其弟子告子的争论，告子以木材作成器皿为比喻说："性，犹杞柳也；义，犹桮棬也。以人性为仁义，犹以杞柳为桮棬。"孟子反辩说："子能顺杞柳之性而以为桮棬乎？将戕贼杞柳而后以为桮棬也？如将戕杞柳而以为桮棬，则亦将戕贼人以为仁义与？率天下之人而祸仁义者，必子之言夫！"从这一段话可以看出，这一对师生关于人性的理解是迥异的。四是人性三品假设，代表人物是西汉时期的董仲舒（公元前179年—公元前104年），他在《春秋繁露》一书中指出，人性有"圣人之性"（天生的"过善"之性）、"中民之性"（万民之性，"有善质而未能善"）和"斗筲之性"（无"善质"的，生来就"恶"的）。[1]五是人性二元假设，代表人物是北宋时期的张载（1020年—1077年），他认为人性有"天地之性"（义理之性）和"气质之性"；前者至善，后者有善有恶。[2]

　　我国传统文化对于人性的各种研究是世界宝贵文化遗产的重要组成部分，但我国学者多是基于奴隶制和封建制经济条件的研

---

[1]曹影."性三品"：董仲舒社会教化的理论根据.[J].社会科学战线，2008（08）：36-39.
[2]李寿初.我国传统人性思想渊源考.中国社会科学院研究生院学报.[J].生产力研究，2008（06）：69-74.

究，而对于资产阶级经济条件下人性的思考，则存在较大的空白。相较之下，西方学者关于人性的各种理论则有助于我们更好地研究现代经济社会中人性的具体表现。

管理中的人性假设是指管理者对职工及其劳动态度的看法。近两个世纪以来，西方研究者关于人性的基本假设主要观点表现在以下几方面。

（一）"经济人"假设

"经济人"假设的提出者是古典经济学代表人物亚当·斯密（1723—1790）。斯密从享乐主义观点出发，认为人的一切行为都是为了最大限度地满足自己的个人利益，人人都要争取最大的经济利益，劳动者工作的最终目的在于获得经济报酬。

"经济人"假设提出正值英国工业革命时期，这一时期，机器替代了人工，生产效率大大提升。由于"经济人"假设认为人天生是懒惰的，因此，在管理方式上重视任务管理而轻视人的作用。当时，持这种理论的最著名的代表人物是被誉为"科学管理之父"的美国资本主义管理学家弗雷德里克·温斯洛·泰勒（1856—1915），因此，后世又以"泰勒制"形容"经济人"假设下的管理方式。"泰勒制"管理方式的最大特点是"胡萝卜加大棒"，即用金钱来刺激工人生产的积极性，而使用严厉的惩罚措施督促消极怠工的工人完成他们的工作。

"经济人"假设对于劳动关系的发展产生了积极作用，表现在管理者能科学地分析人在劳动中的机械动作，通过精准的工作方法的制定实行完善的计算与监督，从而促进了科学管理体制的建立。但其存在的弊端也不容否定，表现在管理者单纯采用以金钱为主的机械的管理方式，用权力严密控制职工，反对工人参与管理等方面。

"经济人"假设是特定时代的产物，但其对后世的影响是巨大的，以至于，在当今的企业管理过程中，仍不乏"泰勒制"的管理方式，比如，很多公司上下班坚持打卡的做法就体现了"经济人"假设的思想。

（二）"社会人"假设

"社会人"假设是美国艺术与科学院院士乔治·埃尔顿·梅奥（1880—1949）提出的。梅奥在其年轻的时候受泰勒等"经济人"假设的影响，也认为物质环境的改善与工人的劳动效率之间存在因果关系，但他敏锐地感觉到，"泰勒制"虽然有效地提高了劳动生产率，但高强度的劳动使得工人始终处于紧张、单调的过程中，工人产生强烈的不满情绪，因而，怠工、罢工等影响劳动关系的事件屡屡发生。1924—1932年，梅奥在西方电气公司做了4个著名的"霍桑实验"后，发现很多现象是无法用"经济人"假设的观点来解释的。"霍桑实验"包括4个试验组成，一是"照明实验"，其目的在于检验照明的强度对生产效率所产生的影响，实验结果证明，劳动效率与照明强度不存在正相关关系；二是"福利试验"，其目的在于寻找影响工人生产积极性的因素，实验结果表明福利措施与生产效率也不存在因果关系；三是"访谈试验"，其目的在于寻找提升工人士气最终为改进管理方式提供依据，实验结果证明工人个人生计问题在很大程度上影响劳动效率；四是"群体试验"其目的检验工人当中存在的非正式的组织对劳动效率的影响，试验结果表明这种非正式的组织对工人的态度有着极其重要的影响。"霍桑实验"改变了梅奥的思想，并于1933年出版了《工业文明中的人的问题》，这一著作系统阐述了梅奥的"社会人"假设的主要观点，即：

1、人是"社会人"而非"经济人"。除了物质、金钱，人们还有社会需要，包括人们对归属、交往和友谊的追求，这些非物质金钱的需要对于提升劳动效率会产生重要影响。

2、生产效率主要取决于职工的士气。人们在工作中形成的社会关系，对人们的士气起着重大的影响，而人们的士气又直接影响着工作效率。

3、企业中存在着非正式组织。存在于工人之中的非正式组织对于维护其成员的共同利益产生了重要作用；管理人员只强调效率逻辑而忽略非正式组织的感情逻辑，必然会产生冲突，影响企业生产效率的提高和目标的最终实现①。

4、新型领导的必要性。决定生产效率的诸多因素中，满意度的重要性要大于生产条件和工资报酬，因此，新型领导应着力改善工人工作满意度，而并非将精力过多地放在生产条件改善和工资报酬的提高等方面。

"社会人"假设修正了"经济人"假设，强调和谐的人际关系在促进生产效率方面的重要作用，对其后管理方式的改变影响巨大。当今世界，各种类型的组织都在努力构建和谐劳动关系，也在一定程度上体现了"社会人"的管理思想。

（三）"自我实现人"假设

"自我实现人"假设是由被誉为"人本主义心理学之父"的亚伯拉罕·马斯洛（1908—1970）年提出的。1943年，马斯洛在《人类激励理论》中指出，人的基本需要决定着人的全部行为，这些基本需求，包括"生理需求""安全需求""归属需求""尊重需求"

①张亚莉，安琨.以人为本——梅奥人际关系理论［J］.管理科学文摘，2000（01）：27-28.

和"自我实现需求"，详见下图。其中，"生理需求"是人对于生存的基本需要，包括空气、食物、水、睡眠、生理平衡、分泌、性等；"安全需求"是人追求平安状态的基本需要，包括人身安全、健康保障、财产所有权、资源所有权、道德保障、工作职位保障等；"归属需求"是人对于友情、爱情的基本需要；"尊重需求"是人对于自我尊重、信心、成就、对他人尊重、被他人尊重等方面基本需要；"自我实现需求"是人对于道德、创造力、解决问题能力、公正度、接受现实能力等方面基本需要。

马斯洛指出，人的基本需要从低级到高级依次发展，且存在更替顺序，即较低等级的基本需要（包括"生理需求"和"安全需求"）得到满足时，较高层级的需要（包括"归属需求""自尊需求"和"自我实现需求"）就会取代较低层级的需要而支配人的行为，依次更替，最终达到"自我实现者"的完美人性状态[①]。

与马斯洛同期的另一位著名的心理学家道格拉斯·麦格雷戈（1906—1964）也持类似观点。麦格雷格反对"经济人"假设，认为人的各种行为表现并不是固有的天性决定的，而是企业管理实践造成的。如果不顾及员工的生理、感情和地位等方面的需要，员工就会产生消极、敌对和拒绝承担责任等病态行为，因此，他强调企业管理者必须肯定员工作为企业生产主体的地位，创造条件，让他们快乐地工作，激发员工的想象力、独创性和创造力，促使人们在实现组织目标的同时也能实现自己的个人目标。

---

① 吴悼. 先验的人性与人性的架构——马斯洛哲学人性观评要［J］. 清华大学学报（哲学社会科学版），1991（01）：76–89.

自我实现需求   高级阶段

自尊需求

归属需求   中级阶段

安全需求   低级阶段

生理需求

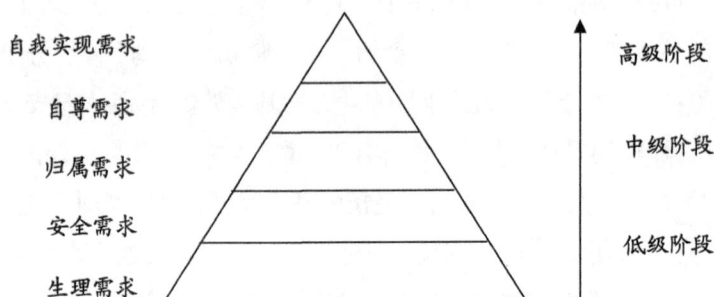

图 1   马斯洛需求层次

（四）"复杂人"假设

"复杂人"假设是美国麻省理工大学教授埃德加·沙因（1928—）提出的。沙因认为"经济人""社会人"和"自我实现人"三种人性观点都是特定时期的产物，虽然都有其合理性，但每一种人性假设都不能适应任何人，都存在自身的缺陷。就员工个体而言，随着其年龄的增长、知识和阅历的增加、地位的改变、以及内外部环境的变化，人际关系会发生巨大变化。因此，有必要从人的动机发展变化角度和情境角度，重新构建人性假设，因此，他提出了"复杂人"假设。主要观点有以下几方面：

1、每个人都有不同的需求和工作能力，工作动机呈现复杂性且变动性较大，这些动机都对应各自不同的需求层次，会随着时间和地点的不同而不同。

2、环境对人的需求产生较大影响，就组织而言，员工的行为表现是其动机模式和组织经验交互作用产生的结果。

3、在不同的组织和部门中，员工会产生不同的动机模式，比如，正式组织中，员工们会追求物质利益，而在非正式组织中则追求人际关系的改善；

4、影响员工工作态度的因素是多方面的，包括员工的动机模式与组织的契合程度、员工的工作能力、工作性质以及同事之间人际关系等。

"复杂人"假设对企业管理方式也产生了重要影响，持这种观点的人认为，不存在任何情况下对任何人都普遍适用的管理方式和手段，应该根据具体情况中特定的人员选择合适的管理措施。

第二章 改革开放以来我国企业劳动关系发展综述

十一届三中全会在我国历史上具有划时代的作用，做出了党和国家将工作重心转移到经济建设上来，实行改革开放的重大决策。从此以后，我国经济社会迈入快速发展时期，计划经济体制向中国特色社会主义市场经济体制转变。在这期间，企业劳动关系建设，无论是制度建设，还是体制保障，都取得了令世界瞩目的成就。回顾劳动关系发展历程，总结成功经验，对于我国构建和谐劳动关系具有重要意义。本章重点围绕制度建设，综述改革开放以来我国劳动关系的发展历程。

第一节 劳动合同制度逐步建立健全

一、劳动合同制度建设开始破冰

就改善劳动关系而言，十一届三中全会做出了巨大贡献。全会深刻意识到，当时的经济管理体制呈现出权力过度集中，阻碍了经济社会发展，应该大胆下放权力，让企业在中央统一计划下拥有更多的经营管理自主权；应该在党的一元化领导下，破解政企不分和以政代企的现象，充分调动中央、地方、企业和劳动者几方面的主动性、积极性和创造性，推动国民经济蓬勃发展。其后，中央颁行多项政令，贯彻落实十一届三中全会的精神。

（一）扩大企业经营自主权，调动劳动生产积极性

1979 年 7 月，国务院发布了关于国营工业改革的五个文件，包括《关于扩大国营工业企业经营管理自主权的若干规定》《关于国营企业实行利润留成的规定》《关于开征国营工业企业固定资产税的暂行规定》《关于提高国营工业企业固定资产折旧率和改进折旧费用使用办法的暂行规定》《关于国营工业企业实行流动资金全额信贷的暂行规定》。这 5 个文件将国家、企业和个人三者之间的经济利益、经济责任和经济效果很好地结合了起来，放开了企业的手脚，使得企业有权可以办更多的事情，有利于调动企业和职工的积极性。

1.关于扩大国营工业企业经营管理自主权的若干规定

该规定赋予了企业按照国家劳动计划择优录用职工的权利，同时规定企业可以针对破坏劳动纪律的职工给予开除处分。此规定赋予了企业劳动用工权，"第一次突破了城市劳动力配置的完全计划化"[①]。

2.关于国营企业实行利润留成的规定

该规定允许实行独立经济核算的企业，可以按照国家核定的比例留存一部分利润建立基金，以扩大再生产和改善职工福利。包括按规定从利润中提取新产品试制费，国家下拨科研经费和职工技术培训经费，用于生产发展基金的建立；按照工资总额的 11% 的比例提取职工福利基金，在成本费用中列支；按照规定

[①]郭军.中国劳动关系发展演变探析［J］.中州学刊，2012（04）：33–37.

建立职工奖励基金，在成本或费用中列支。"利润留成制同过去实行的企业基金制相比，能较好地体现企业经济利益，使企业和职工的经济利益同企业经营的好坏有了比较直接和比较密切的联系"①。

3.关于开征国营工业企业固定资产税的暂行规定

该规定要求国营工业交通企业使用的固定产按照原值和2‰~5‰的比例税率征收固定资产税，改变了当时国营工业企业固定资产无偿资产占用的制度。此项规定加重了工业交通企业占用固定产的责任，但有利于促进企业提高固定产利用率②。相对于以后我国财税方面的多项改革而言，此项制度尝试着调整政府与企业之间利益，具有破冰意义。

4.关于提高国营工业企业固定资产折旧率和改进折旧费用使用办法的暂行规定

决定从1980年开始，在增加盈利的基础上逐步提高工业交通企业固定资产折旧率。此项制度规定是针对当时国营企业固定资产折旧率偏低现状提出的，有助于形成挖潜、革新、改造的专用资金。值得一提的是，此后，折旧费用和折旧方法的选择一直是历次财税改革的重点，有利于减少国家针对国营企业的投资，帮助企业建立造血机制。

5.关于国营工业企业实行流动资金全额信贷的暂规定

决定国营工业交通企业的全部流动资金，逐步改由人民银行以贷款方式提供；贷款方式包括定额贷款、超额贷款、超储积压贷款、结算贷款和大修理贷款五种。全额信贷措施有利于调动国

①田文.试论扩大企业自主权的必然性［J］.宁夏大学学报（哲学社会科学版），1980（01）：28-29.
②张必炜.国营工业企业固定资产税的征收问题［J］.经济管理，1980（5）：15-17.

有企业和职工管好用好流动资金的积极性，为后期深化企业改革和金融体制改革都提供了宝贵的实践经验[1]。

1984年，国务院发布《关于进一步扩大国营工业企业自主权的暂行规定》，史称"扩权十条"，进一步加大企业经营自主权。其一，责成有关部门组织好企业原材料、燃料和动力供应，产品销售和交通运输，企业可以根据自身生产实际调整生产计划和产品品种；其二，允许企业部分产品自销，自销应坚持优先供应省内，也可以用自销产品与客户换取原材料和固定资产；其三，赋权企业自由选择供货单位；其四，银行贷款审批权下放，优先安排技术和设备项目引进贷款，企业可根据生产特点和供销情况变化申请流动资金贷款；其五，企业可以设立人事部门或专职人事干部；其六，赋权企业自行决定招聘已退休的技术工人、技术人员和专业人员，在完成上交税利情况下自行决定招聘人员的工资，组织富余人员搞多种经营；其七，试点进行工资调整；其八，赋权企业根据生产和经营的需要，可以自行决定组织、参加或按照合同协议的规定退出经济联合体；其九，除特殊情况之外，任何部门、单位和个人不得无偿抽调企业人员、物资和资金，以及对劳务、费用进行不合理摊派，或以集资名义变相摊派；其十，主管部门按照简政放权的要求，该放的权力要坚决、迅速下放给企业，并帮助企业用好扩大的权力。"扩权十条"反响良好，被誉为国营企业改革的春风，"'扩权十条'讲的是'权'字，关键是'用'字，实质是'放'字，目的是'钱'字，即提高经济效益，这对所有企业都适用。"[2]

①张成思，刘泽豪.全额信贷的历史回顾与启示[J].金融评论，2012（3）：105-113.
②编辑部.国营工业企业迎来改革的春天——本刊编辑部邀请北京十位厂长座谈"扩权十条"[J].中国经贸导刊，1984（7）：13-16.

（二）改革人事制度，创新劳动关系

改革开放初期，计划经济体制下的劳动制度存在包得过多、统得过死、能进不能出等弊端，为了进一步调动劳动者的积极性和创造性，增强国营企业经营活力，保障劳动者合法权益，有关部门出台和实施了一系列政策，推动了新型劳动关系的建立。

1983年2月，国家劳动人事部下发了《关于积极试行劳动合同制的通知》（劳人计〔1983〕11号）。该通知肯定了此前各省市试行的劳动合同制对于打破"大锅饭""铁饭碗"的积极作用，将劳动合同的适用范围推广至全民所有制单位和县级以上集体所有制单位，规定企业招用合同制工人，必须签订长期或短期劳动合同。从后来国有企业改革的历程可以看出，国家层面推定劳动合同制起到了两方面作用：一是弱化了国家作为国有企业的主体地位和作用，将政府从微观劳动关系管理事务中解脱出来，推动劳动关系市场化发展；二是有利于强化企业在劳动关系中主体地位，有助于企业与劳动者之间建立和完善以劳动合同制为主要的形式劳动关系的新体制和新机制。

1986年7月，中共中央、国务院发布《关于认真执行改革劳动制度几个规定的通知》（中发〔1986〕9号），要求在全国范围内深入执行劳动合同制等规定。

1. 国营企业实行劳动合同制暂行规定

规定企业招用常年性工人（包括一年以内的临时工、季节工），必须签订劳动合同。合同签订坚持平等自愿和协商一致，书面明确双方权利义务，受法律保护。劳动合同的内容应当包括在生产上应当达到的数量指标、质量指标，或应当完成的任务；试用期限、合同期限；生产、工作条件；劳动报酬和保险、福利待遇；

劳动纪律；违反劳动合同者应当承担的责任；双方认为需要规定的其他事项。企业可以解除劳动合同的情况包括劳动合同制工人在试用期内，经发现不符合录用条件的；劳动合同制工人患病或非因工负伤，医疗期满后不能从事原工作的；按照《国务院关于国营企业辞退违纪职工暂行规定》，属于应予辞退的；企业宣告破产，或者濒临破产处于法定整顿期间的。企业不得解除劳动合同的情形包括劳动合同期限未满，又不符合第十二条规定的；患有职业病或因工负伤并经劳动鉴定委员会确认的；患病或非因工负伤，在规定的医疗期内的；女工在孕期、产假和哺乳期间的；符合国家规定条件的。劳动合同制工人可以解除劳动合同的情形包括：经国家有关部门确认，劳动安全、卫生条件恶劣，严重危害工人身体健康的；企业不能按照劳动合同规定支付劳动报酬的；经企业同意，自费考入中等专业以上学校学习的；企业不履行劳动合同，或者违反国家政策、法规，侵害工人合法权益的。

2. 国营企业招用工人暂行规定

基于提高工人队伍素质做出如下规定：企业面向社会公开招用工人，必须实行劳动合同制。招录采取德智体全面考核，择优录用。劳动行政主管部门负责管理企业招工，包括审批下达招工计划、执行招工政策，确定招工地区，审查招工名单，对招工工作进行监督和检查等。

3. 国营企业辞退违纪职工暂行规定

基于加强国营企业劳动纪律规定，经教育和行政处分无效，有下列行为之一的职工，企业可以辞退：一是严重违反劳动纪律，影响生产、工作秩序的；二是违反操作规程，损坏设备、工具，浪费原材料、能源，造成经济损失的；三是服务态度很差，经常与顾客吵架或损害消费者利益的；四是不服从正常调动的；五是贪污、盗窃、赌博、营私舞弊，不够刑事处分的；六是无理取闹，打架斗殴，严重影响社会秩序的；七是犯有其他严重错误的。被辞退职工在待业期间享受待业救济金和医疗补助费费，救济金和医疗补助费按照《国营企业职工待业保险暂行规定》办理。被辞退职工不服企业辞退的，可通过仲裁和法院诉讼保障自己的权益。

（三）加强法制建设，提供法律依据

民事权益的保障和民事关系的调整是推进劳动合同制度建立的客观必需。1986年，全国人大发布《民法通则》，规定："法人是具有民事权利能力和民事行为能力，依法独立享有民事权利和承担民事义务的组织。""全民所有制企业法人以国家授予其经营管理的财产承担民事责任。"这是共和国第一次以法律形式确定了国营企业民事主体资格，改变了过去行政附属物的地位，取得了独立的人格。此项法律制度的出台，有利于"充分发挥企业的主动性和创造性，增加企业的自我发展能力，使之真正成为一个充满生机和活力的经济实体，这正是我国经济体制改革所要求达到的目标"[①]。

改革开放初期，全民所有制工业企业在国民经济中占有很大的比重，在一定程度上，可以看成是国民经济的缩影。为保障全民所有制工业企业的合法权益，增强经营活力，1988年，全国人大发布《全民所有制工业企业法》，规定："全民所有制工业企业是依法自主经营、自负盈亏、独立核算的社会主义商品生产和经营单位。企业的财产属于全民所有，国家依照所有权和经营权分离的原则授予企业经营管理。企业对国家授予其经营管理的财

---

① 隆及之.《民法通则》的特色及其现实意义［J］.法学研究，1987（1）：31-34.

产享有占有、使用和依法处分的权力。企业依法取得法人资格，以国家授予其经营管理的财产承担民事责任。"《全民所有制工业企业法》赋予了厂长六项生产管理职权，包括：一是依照法律和国务院规定，决定或者报请审查批准企业的各项计划；二是决定企业行政机构的设置；三是提请政府主管部门任免或者聘任、解聘副厂级行政领导干部；四是任免或者聘任、解聘企业中层行政领导干部；五是提出工资调整方案、奖金分配方案和重要的规章制度，提请职工代表大会审查同意，提出福利基金使用方案和其他有关职工生活福利的重大事项的建议，提请职工代表大会审议决定；六是依法奖惩职工，提请政府主管部门奖惩副厂级行政领导干部。

其后，1992 年，国务院发布《全民所有制工业企业转换经营机制条例》，对全民所有制企业的经营管理权进行了扩充和细化，使之具有更强的操作性。全民所有制企业享有一系列经营管理权。第一，生产经营决策权，即全面所有制企业根据国家计划和市场需要，可自行进行生产经营决策。第二，产品、劳务定价权，即企业可针对生产的日用消费品和生产资料（省级以上物价管理部门管理的特定产品除外）和加工、维修、技术协作等劳务等自主定价。第三，产品销售权，即企业可在全国范围内销售本企业生产的产品（指令性计划产品除外），任何单位和个人不得对企业销售进行封锁、限制和采取其他歧视性措施。第四，物资采购权，即企业针对所需物资自主选择供货单位、供货方式、供货品种和数量，执行性计划供应物资除外。第五，进出口权，即企业可以自主选择外贸代理企业从事进出口业务并参与外商谈判，包括自主使用留成外汇和进行外汇调剂，在境外承揽工程、进行技术合作或者提供其他劳务，进口自用的设备和物资，自主使用自有外汇安排业务人员出境。第六，投资决策权，即企业有权以留用资金、实物、土地使用权、工业产权和非专利技术等向国内各地区、各行业的企业、事业单位投资，购买和持有其他企业的股份，经批准可在境外投资和开办企业。第七，留用资金支配权，即企业有权确定税后利润中各类基金的比例和用途。第八，资产处置权，即企业可对固定资产自主决定出租、抵押和有偿转让，其中建筑物、成套和关键设备须经批准。第九，联营、兼并权，即企业可以与其他企事业单位联营、共同经营，也可以按照自愿和有偿原则兼并其他企业。第十，劳动用工权，即企业可以按照面向社会、公开招收、全面考核、择优录用的原则，自主决定招工的时间、条件、方式、数量，企业可以实行合同化管理或者全员劳动合同制。企业可以与职工签订有固定期限、无固定期限或者以完成特定生产工作任务为期限的劳动合同。第十一，人事管理权，即企业按照德才兼备、任人唯贤的原则和责任与权利相统一的要求，自主行使人事管理权。第十二，工资奖金分配权，即企业的工资总额可依照政府规定的工资总额与经济效益挂钩办法确定，企业在相应提取的工资总额内，有权自主使用、自主分配工资和奖金；企业有权根据职工的劳动技能、劳动强度、劳动责任、劳动条件和实际贡献，决定工资、奖金的分配档次；企业可以实行岗位技能工资制或者其他适合本企业特点的工资制度，选择适合本企业的具体分配形式；企业有权制定职工晋级增薪、降级减薪的办法，自主决定晋级增薪、降级减薪的条件和时间；除国务院另有规定外，企业有权拒绝任何部门和单位提出的，由企业对职工发放奖金和晋级增薪的要求。第十三，内部机构设置权，即企业有权决定内部机构的设立、调整和撤销，决定企业的人员编制。第十四，拒绝摊派权，即企业有权拒绝任何部门和单位向企业摊派人力、物力、财力。前九项属全民所有制企业经营权[①]，后五项属管理权，皆受法律保护。《全民所有制工业企业转换经营机制条例》实施后，起到了很好的效果，90% 的国有企业在当年实行了承包制[②]。

二、现代企业制度初步建立

（一）中国特色社会主义劳动关系初步建立

1993 年，中国共产党第十四届三中全会通过《关于建立社会主义市场经济体制若干问题的决定》，决定在全国范围内建立国有企业经营机制，建立适应市场经济要求的现代企业制度。在产权清晰方面，明确企业拥有包括国家在内的出资者投资形成的全部法人财产权，成为享有民事权利、承担民事责任的法人实体。在权责明确方面，要求企业以其全部法人财产，依法自主经营，自负盈亏，照章纳税，对出资者承担资产保值增值的责任；出资者按投入企业的资本额享有所有者的权益，即资产受益、重大决策和选择管理者等权利；企业破产时，出资者只以投入企业的资本额对企业债务负有限责任。在政企分开方面，企业按照市场需求组织生产经营，以提高劳动生产率和经济效益为目的，政府不直接干预企业的生产经营活动；企业在市场竞争中优胜劣汰，长期亏损、资不抵债的应依法破产。在管理科学方面，要求企业建立科学的企业领导体制和组织管理制度，调节所有者、经营者和职工之间的关系，形成激励和约束相结合的经营机制。建立现代

---

①祝聪.析转换经营机制中全民所有制企业经营管理权问题［J］.政法学刊, 1992（04）：
　　44–47, 56.
②国企改革前奏（1978 年–1992 年）：扩权让利与承包制［A］.吴敬琏.中国经济 50 人看三十年［C］.中国经济出版社, 2008.10.

企业制度的要求加速国有企业运营体制和机制的转型，促使国有企业以商品生产者和经营者的独立法人身份走向市场，必然对国有企业劳动关系的重组再造形成强大的推动力[①]。《关于建立社会主义市场经济体制若干问题的决定》的颁布和施行是标志着中国特色社会主义劳动关系开始建立，相对于以往的劳动关系，新型劳动关系体现了以公有制为主体、多种所有制共同发展的基本经济制度特征。

1993 年 12 月，《公司法》正式颁布，并于 1994 年 7 月 1 日开始施行。《公司法》明确规定了有限责任公司和股份有限公司这两类公司的设立，内部组织机构，股份的发行与转让，公司债券，公司财务、会计，公司合并、分立，公司破产、解散和清算以及外国公司的分支机构，法律责任等与公司法律行为密切相关的重大问题。《公司法》的颁行为国有企业进行公司制改革，建立现代企业制度提供了法律依据，也标志着从传统企业制度向现代企业制度的转型。《公司法》的颁布施行有利于建立完善企业利益均衡机制，处理好职工代表大会与董事会的关系，是构建中国特色社会主义劳动关系、调动和发挥广大劳动者积极性和创造力的关键环节。[②]

（二）深化改革持续推进，体制制度逐步健全

中国特色社会主义劳动关系的建立并不是一两部法律制度的建立即可完成，需要通过深化改革，健全体制，完善制度。从 20 世纪 90 年代开始，我国政府围绕新型劳动关系的建立实施了

---

①郭军.从政府和市场关系看中国劳动关系制度的演变［J］.毛泽东等小品理论研究，2015（03）：30–39.
②童爱农.论建设中国特色社会主义劳动关系［J］.中国劳动关系学院学报，2013（4）：12–19.

一系列改革。正是通过这些改革，社会保障制度、协调机制等得以建立健全，对建立和谐劳动关系形成了强大的推动力。改革的历程详见下文。

第二节 社会保障制度走向完善

一、养老保险制度

我国企业的养老保险制度的建立可上溯至 20 世纪 50 年代初期，1958 年和 1978 年进行过两次较大修改，但并没有改变国家和企业全包职工养老的做法。面对日益严重的老龄化，为理顺国家、集体和个人利益，1991 年 6 月，国务院出台《关于企业职工养老保险制度改革的决定》（国发〔1991〕33 号），其主旨在于推动国家、企业和个人三方共同负担的养老保障制度，标志着我国养老保险开始向社会统筹方向发展。"33 号文"的主要内容包括：第一，企业缴纳的基本养老保险费，按照职工工资总额和规定的比例（该比例由省级政府确定，未规定全国统一的比例）在税前计提，存入开户银行专户；企业职工个人缴纳的养老保险按照本人标准的工资的一定比例（最初为 3%，以后逐步调整提高）计算，由企业发放工资时代为收缴。第二，企业补充养老保险并非强制收取，由企业根据自身经济能力决定，费用来源于企业自有资金中的奖励和福利基金。第三，该规定适用于全民所有制企业，集体所有制企业可参照执行。"33 号文"的颁布施行具有重要的历史意义，被誉为我国"三支柱"养老保险安全网开始建设[1]，"三支柱"系基本养老保险、企业年金（企业补充养老保

①潘锦棠.新中国基本养老保险六十年〔J〕.马克思主义与现实，2010（01）：36-41.

险）和商业养老保险。

1995 年 3 月，国务院出台《关于深化企业职工养老保险制度改革的通知》（国发〔1995〕6 号），规定实行社会统筹与个人账户相结合的模式，即 "统账结合" 模式。其中，社会统筹部分是现收现付制，个人账户部分则是储备积累制。现收现付制指的是企业职工当期缴纳养老保险费直接用于当前养老保险支出，这种模式操作起来简单易行，能够实现资金短期平衡，但随着人口老龄化的加剧，支付压力巨大，会造成养老金巨大亏空；储蓄积累制则是国家强制企业职工参加个人养老储蓄制度，其退休保障水平取决于个人账户中企业和个人缴费的积累额，这种模式能够实现资金的长期平衡，不会发生支付危机，但受通货膨胀的影响较大。"统账结合" 模式系我国首创，被誉为具有中国特色的社会保险制度，将统筹共济与个人储蓄功能有机结合起来，兼顾了公平与效率[①]。

1997 年 7 月，国务院出台《关于建立统一的企业职工基本养老保险制度的决定》（国发〔1997〕26 号）。"26 号文" 是针对此前各地养老保险制度不统一、统筹层次低、企业负担较重和管理制度不健全的现状而出台的。"26 号文" 规定了企业缴费的最高比例为企业工资总额的 20%，具体比例则由省级政府确定；个人缴费比例从 4% 开始，每两年提高一个百分点，上限为 8%。"26 号文" 还规定了缴费年限以及退休金的计算方法；明确个人储存额只能用于养老，不得提前支取；职工调动时，个人账户可随同转移；死亡时，个人账户中个人缴费部分可继承；适用范围扩大

---

①孙慧敏，孙晶琪 . "统账结合"：独具特色的中国社会保险制度框架〔J〕. 理论与现代化，2002（01）：47–49.

至城镇所有企业及其职工。"26号文"在全国统一了养老保险制度，关于缴费比例及个人账户管理的相关规定增强了保险制度的可操作性。

2005年12月，国务院颁布《关于完善企业职工基本养老保险制度的决定》（国发〔2005〕38号），针对此前的养老保险制度进行了完善。一是将基本养老保险覆盖范围扩大至城镇各类企业职工、个体工商户和灵活就业人员；二是要求逐步做实个人账户，实现养老基金的保值增值；三是强化基本养老金的征缴与监管，强化稽核和执法工作，努力提高征缴率，实行收支两条线管理，严禁挤占挪用；四是改革基本养老金的计发办法，将个人账户缴费标准由个人工资额的11%调至8%；五是明确了基本养老金的正常调整机制，调整幅度由省级政府确定；六是发展企业年金，明确企业年金实行完全积累制，采取市场化方式管理和运营。通过实证分析，"38号文"提高了各代人的养老金待遇，降低了代际不平等[①]，标志着我国养老保险制度逐渐走向成熟。

值得一提的是，除了完善企业职工养老保险制度以外，我国政府还适时地完善了农村和城乡居民的社会保险制度，但由于改革未能同步进行，在很长的时间里，不同的人享受不同的养老待遇，养老保险呈现"碎片化"，即城镇职工养老保险、城乡居民养老保险、企业年金、新型农村社会养老保险和机关事业单位养老保险并存。2015年1月，国务院出台《关于机关事业单位工作人员养老保险制度改革的决定》（国发〔2015〕2号），决定从2014年10月1日起对机关事业单位工作人员养老保险制度进行

[①] 何立新.中国城镇养老保险制度改革的收入分配效应〔J〕.经济研究，2007（03）：70-81.

改革，标志着养老保险制度开始"并轨"。总之，随着改革的逐步深入，养老保险基本公共服务均衡化程度逐步提高。

二、医疗保险制度

1998 年 12 月，国务院出台《关于建立城镇职工基本医疗保险制度的决定》（国发〔1998〕44 号），拉开了我国医疗保险制度的序幕。"44 号文"规定，城镇职工基本医疗保险制度从 1999年初开始建立，争取一年内完成。基本医疗保险覆盖范围涵盖城镇所有用人单位，包括国有企业、集体企业、外商投资企业、私营企业、机关、事业单位、社会团体、民办非企业单位及其职工。基本医疗基金实行社会统筹和个人账户相结合。统筹单位为地级以上所有行政区和北京、天津和上海全部区域。所有用人单位及其职工都要按照属地管理原则参加所在统筹地区的基本医疗保险，执行统一政策，实行基本医疗保险基金的统一筹集、使用和管理。铁路、电力、远洋运输等跨地区、生产流动性较大的企业及其职工，可以相对集中的方式异地参加统筹地区的基本医疗保险。基本医疗保险费由用人单位和职工共同缴纳，用人单位最高缴费率为在职工资总额的 6% 左右，该部分的 70% 左右用于建立统筹基金，30% 左右划入个人账户；职工缴费率则为本人工资收入的 2%，全部计入个人账户。基本医疗保险基金纳入财政专户管理，专款专用，不得挤占挪用，其中个人账户的本金及利息归参保人所有，可结转使用和继承。

2003 年 1 月，国务院出台《关于建立新型农村合作医疗制度意见的通知》（国办发〔2003〕3 号），致力于构建由政府组织、引导、支持，农民自愿参加，个人、集体和政府多方筹资，以大病统筹为主的农民医疗互助共济制度。

2007 年 7 月，国务院出台《国务院关于开展城镇居民基本医疗保险试点的指导意见》（国发〔2007〕20 号），针对不属于城镇职工基本医疗保险制度覆盖范围的中小学阶段的学生（包括职业高中、中专、技校学生）、少年儿童和其他非从业城镇居民参加城镇居民基本医疗保险做出了详细规定。

2015 年 7 月，国务院发布《关于全面实施城乡居民大病保险的意见》（国办发〔2015〕57 号，自颁布之日起实施），要求各省、市、区完善大病保险筹资机制，提高大病保险保障水平，加强医疗保障各项制度的衔接，规范大病保险承办服务，严格监督管理，强化组织实施。

2016 年 1 月，国务院出台《国务院关于整合城乡居民基本医疗保险制度的意见》（国发〔2016〕3 号），提出"六统一"指导意见，一是统一覆盖范围，覆盖了此前的"新农合"和城镇居民基本医疗保险两部分参保参合人员；二是统一筹资政策，合理确定城乡统一的筹资标准；三是统一保障待遇，即逐步统一保障范围和支付标准，为参保人员提供公平的基本医疗保障，为城乡居民提供均衡的保障待遇；四是统一医保目录，即统一城乡居民医保药品目录和医疗服务项目目录，明确药品和医疗服务支付范围；五是统一定点管理，即统一城乡居民医保定点机构管理办法，强化定点服务协议管理；六是统一基金管理，即城乡居民医保基金统一纳入财政专户，实施收支两条线管理，专款专用。

三、工伤保险制度

1996 年，原劳动部发布《企业职工工伤保险试行办法》（劳部发〔1996〕266 号），用以保障劳动者在工作中遭受事故和患职业病后获得医疗救治、经济补偿和职业康复的权利，分散工伤风险，促进工伤预防。"266号文"规定，城镇所有企业和职工必须按规定参加工伤保险，按时足额缴纳工伤保险费；工伤保险费实行社会统筹，由企业按照职工工资总额的一定比例缴纳，职工个人无需缴纳工伤保险费；工伤保险费根据各行业伤亡事故风险和职业危害程度的类别实行差别费率；工伤保险差别费率每5年调整一次。职工由于下列情形之一负伤、致残、死亡的，应当认定为工伤：一是从事本单位日常生产、工作或者本单位负责人临时指定的工作的，在紧急情况下，虽未经本单位负责人指定但从事直接关系本单位重大利益的工作的；二是经本单位负责人安排或者同意，从事与本单位有关的科学试验、发明创造和技术改进工作的；三是在生产工作环境中接触职业性有害因素造成职业病的；四是在生产工作的时间和区域内由于不安全因素造成意外伤害的，或者由于工作紧张突发疾病造成死亡或经第一次抢救治疗后全部丧失劳动能力的；五是因履行职责遭致人身伤害的；六是从事抢救、救灾、救人等维护国家、社会和公众利益的活动的；七是因公、因战致残的军人复员转业到企业工作后旧伤复发的；八是因公外出期间，由于工作原因，遭受交通事故或其他意外事故造成伤害或者失踪的，或因突发疾病造成死亡或者经第一次抢救治疗后全部丧失劳动能力的；九是在上下班的规定时间和必经路线上，发生无本人责任或者非本人主要责任的道路交通机动车事故的；十是法律、法规规定的其他情形。"266号文"明确"犯罪或者违法、自杀或者自残、斗殴、酗酒、蓄意违章、法律法规规定的其他情形"不得确定为工伤。"266号文"用了较大篇幅规定了工伤的认定、鉴定和待遇。

2003年4月27日国务院颁布了《工伤保险条例》，共分8

章64条,自2004年1月1日起施行。《条例》扩大了适用范围,规定与用人单位存在劳动关系的各种用工形式、各种用工期限的劳动者,均有享受工伤保险待遇的权利。《条例》重申了工伤保险基金来源于社会统筹,由用人单位缴纳的保险费、工伤保险基金的利息和依法纳入工伤保险基金的其他资金构成。《条例》还对工伤鉴定过程进行了严格规定。

2010年12月12日,国务院发布《关于修改〈工伤保险条例〉的决定》(国务院第586号令),对《工伤保险条例》若干条目进行了修改,自2011年1月1日起施行。

2015年7月,人社部和财政部联合印发《关于调整工伤保险费率的通知》(人社部发〔2015〕71号),经国务院批准,自2015年10月1日起,降低工伤保险平均费率0.25个百分点。调整后,各行业一类至八类工伤保险行业基准利率分别控制在该行业用人单位职工工资总额的0.2%、0.4%、0.7%、0.9%、1.1%、1.3%、1.6%、1.9%左右。各统筹地区社保经办机构根据用人单位工伤保险费使用、工伤发生率、职业病危害程度等因素,确定其工伤保险费率,并可依据上述因素变化情况,每1年至3年确定其在所属行业不同费率档次间是否浮动。需要指出的是,此次工伤保险费率的调整初衷是减轻企业的负担,据测算,工伤保险基准费率调减0.25个百分点,全国一年可减轻企业负担150亿元,但工伤职工的工伤待遇水平不会受到任何影响。

四、失业保险制度

1999年1月,国务院发布《失业保险条例》(国务院第258号令),用以保障失业人员失业期间的基本生活,促进其再就业。

"258号令"规定适用范围为城镇企业事业单位、城镇企业事业单位职工。失业保险基金由下列各项构成：城镇企业事业单位、城镇企业事业单位职工缴纳的失业保险费；失业保险基金的利息；财政补贴；依法纳入失业保险基金的其他资金。

失业保险基金由企业缴费和职工个人缴费共同组成，其中，企业缴费标准为本单位工资总额的 2%，职工缴费标准为本人工资的 1%。

失业保险基金用于下列支出：失业保险金；领取失业保险金期间的医疗补助金；领取失业保险金期间死亡的失业人员的丧葬补助金和其供养的配偶、直系亲属的抚恤金；领取失业保险金期间接受职业培训、职业介绍的补贴，补贴的办法和标准由省、自治区、直辖市人民政府规定；国务院规定或者批准的与失业保险有关的其他费用。

失业保险基金存入财政专户，实行收支两条线管理，失业保险基金的利息并入失业保险基金。

失业人员可以领取失业保险金包括以下情形，一是按照规定参加失业保险，所在单位和本人已按照规定履行缴费义务满1年的；二是非因本人意愿中断就业的；三是已办理失业登记，并有求职要求的。失业人员在领取失业保险金期间，按照规定同时享受其他失业保险待遇。失业人员在领取失业保险金期间有下列情形之一的，停止领取失业保险金，并同时停止享受其他失业保险待遇：一是重新就业的；二是应征服兵役的；三是移居境外的；四是享受基本养老保险待遇的；五是被判刑收监执行或者被劳动教养的；六是无正当理由，拒不接受当地人民政府指定的部门或者机构介绍的工作的；七是有法律、行政法规规定的其他情形的。

五、生育保险制度

（一）生育女职工的产假工资和生育医疗费

1988 年 9 月，原劳动部发布《关于女职工生育待遇若干问题的通知》（劳险字〔1988〕2 号），规定："女职工怀孕，在本单位的医疗机构或者指定的医疗机构检查和分娩时，其检查费、接生费、手术费、住院费和药费由所在单位负担，费用由原医疗经费渠道开支。"2012 年 4 月，国务院发布《女职工劳动保护规定》（国务院令第 619 号），对生育女职工的费用进一步做出规定，明确指出女职工产假期间的生育津贴、生育或者流产的医疗费用，已经参加生育保险的，按照用人单位上年度职工月平均工资的标准由生育保险基金支付；未参加生育保险的，按照女职工产假前工资的标准由用人单位支付。

（二）生育社会保险

1994 年 12 月，劳动部发布《企业职工生育保险试行办法》（劳部发〔1994〕第 504 号），规定参加生育保险社会统筹的用人单位，应向当地社会保险经办机构缴纳生育保险费；生育保险费的缴费比例由当地人民政府根据计划内生育女职工的生育津贴、生育医疗费支出情况等确定，最高不得超过工资总额的 1%，职工个人无需缴费。参保单位女职工生育或流产后，其生育津贴和生育医疗费由生育保险基金支付。生育津贴按照本企业上年度职工月平均工资计发；生育医疗费包括女职工生育或流产的检查费、接生费、手术费、住院费和药费（超出规定的医疗服务费和药费由职工个人负担）以及女职工生育出院后，因生育引起疾病的医疗费。

2015 年 7 月，人社部和财政部联合印发《关于适当降低生育保险费率的通知》（人社部发〔2015〕70 号），决定自 2015 年

10 月 1 日起，将生育保险基金费率调整到用人单位职工工资总额的 0.5% 以内。此次费率调整也是国家实施积极财政政策的重要举措，旨在减轻用人单位负担。

据悉，2017 年 2 月 24 日，人力资源和社会保障部举行生育保险和基本医疗保险合并实施试点工作会议，计划于 2017 年 6 月底前在 12 个试点地区启动两险合并工作。两险合并不是名称上简单地将生育保险并入医保，而是要保留各自功能，实现一体化运行管理。

六、住房保障制度

住房保障制度方面，我国经历了从实物福利分房到住房市场化改革的过程。

1994 年，国务院发布《关于深化城镇住房制度改革的决定》（国发〔1994〕43 号），提出"把住房建设投资由国家、单位统包的体制改变为国家、单位、个人三者合理负担的体制"，决定全面推行住房公积金制度。

1995 年，国务院发布《国家安居工程实施方案》，再次就住房公积金制度做出安排。

1998 年，国务院发布《关于进一步深化城镇住房制度改革加快住房建设的通知》（国发〔1998〕23 号），决定停止城镇住房实物分配，逐步实行住房分配货币化，建立和完善廉租住房、经济适用住房和商品住房的多层次城镇住房供应体系，指出职工购房资金主要来源包括职工工资、个人住房贷款和住房补贴等，提出全面推行和不断完善住房公积金制度。

1999 年，国务院发布《住房公积金管理条例》（国务院令第262 号），明确住房公积金制度覆盖范围为国家机关、国有企业、城镇集体企业、外商投资企业、城镇私营企业和其他城镇企业、事业单位、民办非企业单位、社会团体及其在职职工；住房公积金的用途为长期住房储金，用于购买、建造、翻建、大修自住住房，任何单位和个人不得挪作他用；单位和职工月缴存额为职工本人上一年度月平均工资乘以单位和职工住房公积金缴存比例，缴存比例均不得低于5%，有条件的城市，可以适当提高缴存比例，均存入职工住房公积金账户；职工可以提取职工住房公积金账户内的存储余额的情形包括：(1) 购买、建造、翻建、大修自住住房的；(2) 离休、退休的；(3) 完全丧失劳动能力，并与单位终止劳动关系的；(4) 户口迁出所在的市、县或者出境定居的；(5) 偿还购房贷款本息的；(6) 房租超出家庭工资收入的规定比例的；职工死亡或者被宣告死亡的，职工的继承人、受遗赠人可以提取职工住房公积金账户内的存储余额；无继承人也无受遗赠人的，职工住房公积金账户内的存储余额纳入住房公积金的增值收益；缴存住房公积金的职工，在购买、建造、翻建、大修自住住房时，可以向住房公积金管理中心申请住房公积金贷款。

2002 年，国务院针对《住房公积金管理条例》进行了修订，并以国务院令第 350 号公开发布，决定在直辖市和省、自治区人民政府所在地的市以及其他设区的市 (地、州、盟) 设立住房公积金管理委员会，作为住房公积金管理的决策机构；还就住房公积金管理委员会违规处分做出了明确的规定。

2003 年，国务院下发了《关于促进房地产市场持续健康发展的通知》(国发〔2003〕18 号)，决定加大住房公积金归集和贷款发放力度，要求各地加强住房公积金归集工作，大力发展住房公积金委托贷款，简化手续，取消不合理收费，改进服务，方便职工贷款。

2016年，国务院常务会议提出，从2016年5月1日起两年内，规范住房公积金缴存比例，对高于12%的一律予以规范调整，同时由各省（区、市）结合实际，阶段性适当降低住房公积金缴存比例。

除了完善住房公积金制度以外，我国政府还就公租房、廉租房、经济适用房等出台了相关政策。值得一提的是，自2007年以来，随着我国房地产价格过快上涨，中央和地方政府出台了多项调控措施以遏制过快上涨的房价，但收效甚微。

2010年10月，《中华人民共和国社会保险法》公布，自2011年7月1日起开始施行。应该说，此项法律是此前除住房保障制度以外各项社会保障制度的一个"捏总"，涵盖了基本养老保险、基本医疗保险、工伤保险、失业保险和生育保险，同时，还就社会保险费征缴、社会保险经办、社会保险监督和法律责任做出了明确的规定。因为这是一部法律，法律层级比行政规章制度高出很多，所以，此法发布后，各项社会保障制度的调整和修改，都以此法为依据。因此说，《社会保险法》的出台，有力地促进了我国社会保障体系的建设。

第三节　劳动关系协调机制趋于健全

一、集体协商和集体合同制度

（一）工资集体协商制度

工资集体协商，是指用人单位与本单位职工以集体协商的方式，根据法律、法规、规章的规定，就劳动报酬、工作时间、休息休假、劳动安全卫生、职业培训、保险福利等事项，签订集体的书面协议。2000年10月，劳动和社会保障部发布《工资集体协商试行办法》（劳动和社会保障部令第9号），标志着我国工资集体协商制度正式确立。

"9号令"规定了工资集体协商的内容:（1）工资协议的期限;（2）工资分配制度、工资标准和工资分配形式;（3）职工年度平均工资水平及其调整幅度;（4）奖金、津贴、补贴等分配办法;（5）工资支付办法;（6）变更、解除工资协议的程序;（7）工资协议的终止条件;（8）工资协议的违约责任;（9）双方认为应当协商约定的其他事项。

"9号令"明确，协商确定职工年度工资水平应符合国家有关工资分配的宏观调控政策，并综合参考下列因素:（1）地区、行业、企业的人工成本水平;（2）地区、行业的职工平均工资水平;（3）当地政府发布的工资指导线、劳动力市场工资指导价位;（4）本地区城镇居民消费价格指数;（5）企业劳动生产率和经济效益;（6）国有资产保值增值;（7）上年度企业职工工资总额和职工平均工资水平;（8）其他与工资集体协商有关的情况。"9号令"规定，工资集体协商代表应按照法定程序产生。其中，职工一方由工会代表，工方首席代表一般为工会主席，也可由其委托他人担任;企业代表由国有企业法定代表人和法定代表人指定的其他人员担任，企方首席一般为法定代表人，也可由其委托他人代理担任。"9号令"还就工资集体协商程序、工资审议内容等内容进行了明确规定。

"9号令"的发布推动了我国工资集体协商的制度建立，据统计，截至2002年6月底，全国建立平等协商、集体合同制度的企业已达 635 万家，覆盖职工 18000 多万人，占已建工会企业总数的 48.7%；有 15 个省级政府颁布了地方性集体合同法规，27 个省级政府开展了签订区域性、行业性集体合同工作；有 3 万多家企业开展了工资集体协商工作。[①]截至 2012 年 9 月，全国共签订集体合同 224.3 万份，同比增长 24.4%，比 2008 年增长了 102.5%；覆盖企业 579.4 万家，同比增长 59.4%，比 2008 年增长了 203.7%；覆盖职工 2.67 亿人，同比增长 19%，比 2008 年增长了 78.7%。[②]

（二）工资指导线制度

工资指导线制度，目的在于引导城镇各类企业在发展生产、提高效益的基础上适度增加工资，为企业确定工资水平提供依据；使企业的工资微观决策与政府的宏观调控政策保持协调统一，以达到政府稳定物价、促进经济增长、实现充分就业及提高职工生活水平的目的。

1997 年 1 月，原劳动部发布《试点地区工资指导线制度试行办法》（劳部发〔1997〕27 号），决定将试点范围由北京、深圳、成都三地扩展至江苏、江西等十个地区。"27 号文"确定了企业货币工资增长基准线、上线和下线，针对不同类别的企业实施不同的调控办法，其中，国有企业和国有控股企业，应严格执行政府颁布的工资指导线，企业在工资指导线所规定的下线和上线区间内，围绕基准线，根据企业经济效益合理安排工资分配，各企业工资增长均不得突破指导线规定的上线；非国有企业（城镇集体企业、外商投资企业、私营企业等）应依据工资指导线进行集

---

①杨在军.工资集体协商制度形成的交易成本决定机制研究〔J〕.华东经济管理，2003（06）：43-46.

②张建国.积极推动集体协商制度建设.中国党政干部论坛，2013（05）：7-10.

体协商确定工资，尚未建立集体协商制度的企业，依据工资指导线确定工资分配，并积极建立集体协商制度。

　　工资指导线制度于 1999 年在全国推开，各地劳动保障行政管理部门依据本地实际情况制定方案，由省级政府确定和颁布，劳动保障行政管理部门组织落实。表 2.1 反映天津近些年工资指导线的情况。从中可以看出，自 2009 年至 2016 年，该市企业工资指导线的基准线呈现下降趋势，从最高 16% 下降至 2016 年的 9%；下线也呈下降趋势，从最高 7% 下降至 2016 年的 3%；上线常年维持在 22%，但 2016 年也下降到 16%。各地在确定工资指导线下线的时候，均要求不得低于当地最低工资标准。最近几年，天津最低工资涨幅较大，经常超过了工资指导线的下线。

表 2.1　2010—2016 年天津市企业工资指导线和最低工资

单位：元

年份	基准线	下线	上线	最低工资（月）
2010	15%	6%	22%	920
2011	16%	7%	22%	1160
2012	16%	7%	22%	1310
2013	16%	7%	22%	1500
2014	13%	4%	22%	1680
2015	10%	3%	18%	1850
2016	9%	3%	16%	1950

数据来源：天津政务网

（三）集体合同

集体合同是指企业职工一方与用人单位就劳动报酬、工作时间、休息休假、劳动安全卫生、保险福利等事项，通过平等协商达成的书面协议。

2003 年 12 月，原劳动部发布《集体合同规定》（劳动和社会保障部令第 22 号），用以规范集体协商和签订集体合同行为，依法维护劳动者和用人单位的合法权益。"22 号令"明确应该签订集体合同或专项集体合同的内容包括：（1）劳动报酬；（2）工作时间；（3）休息休假；（4）劳动安全与卫生；（5）补充保险和福利；（6）女职工和未成年工特殊保护；（7）职业技能培训；（8）劳动合同管理；（9）奖惩；（10）裁员；（11）集体合同期限；（12）变更、解除集体合同的程序；（13）履行集体合同发生争议时的协商处理办法；（14）违反集体合同的责任；（15）双方认为应当协商的其他内容。"22 号令"还用了较大篇幅关于以上内容进行了明确规定，还规定了订立程序等关键内容。

除了"22 号令"以外，1994 年的《劳动法》和 2007 年的《劳动合同法》都对劳动合同从法律的高度进行明确规定，提升了集体合同制度刚性。

二、劳动争议处理制度

劳动提供过程中，必然会产生劳动争议，在社会主义国家同样存在，因此就需要建立健全劳动争议处理制度。所谓劳动争议处理制度就是通过劳动立法的形式将劳动争议处理的机构、原则、程序和受理范围等内容确定下来，形成处理劳动争议的法律制度。

改革开放以来，我国在不同阶段颁布施行了一系列劳动争议处理制度，主要包括以下几方面。

（一）国营企业劳动争议处理暂行规定

为了妥善处理劳动争议，保证企业和职工的合法权益，保证生产秩序的正常进行，1987年，国务院颁布《国营企业劳动争议处理暂行规定》，标志我国自中华人民共和国建立之初建立的劳动争议处理制度在经历较长时间的停顿后开始恢复。

《国营企业劳动争议处理暂行规定》规定，发生劳动争议时，当事人可以向调解委员会申请调节，或向当地劳动仲裁机构申请仲裁；企业应当设立由职工代表、企业行政代表和企业工会会员代表组成的调解委员会，该委员会对劳动争议实行一次裁决制度；调解不成的，当事人可以提出仲裁申请，仲裁委员会处理劳动争议时，应当在查明具体事实的基础上先进行调解后仲裁；当事人对仲裁决定不满意的，可以向当地人民法院提起诉讼。

从以上规定可以看出，针对劳动争议这种"人民内部矛盾"，处理的原则是先调解，后仲裁，最后是法律诉讼。事实证明，这样一套劳动争议处理程序，在调解和仲裁环节成功处理了绝大部分的劳动争议，真正对簿公堂的只占少数。该条例实施后，在实践层面效果突出。几年的时间里，全国已经建立企业劳动争议调解委员会和仲裁委员会分别达到22万个和2855个，受理处理了约100万件劳动争议。但有学者认为，劳动争议仲裁存在证据、反诉、财产保全、仲裁费的收取、继承和错案赔偿等六大盲点[1]，因此制度的健全需要进一步深入。

（二）中华人民共和国企业劳动争议处理条例

随着其他所有制企业的出现，比如以乡镇企业为代表的集体企业和民营企业的比例上升，为了更好地处理企业发生的劳动

---

[1]江梅，向鸿.浅谈劳动争议仲裁制度的六大盲点〔J〕.中国劳动，2007（03）：21-22.

争议，1993 年 7 月，国务院发布《中华人民共和国企业劳动争议处理条例》。该条例继承了《国营企业劳动争议处理暂行规定》的"一调一裁两审"的调解机制，并将范围扩展至中华人民共和国境内所有企业，受理范围增加了保险、福利、培训、劳动保护等关系到职工切身利益的争议；第二，该条例还取消了劳动争议仲裁委员会"三方人数对等原则"的规定，决定实行仲裁员和仲裁庭制度，保证了仲裁处理的及时、高效；第三，该条例对企业是否设立劳动争议调解委员会采取指导性原则，是从当时不少三资企业、私营企业没有设置工会、职代会的现实情况考虑的，因此没有要求普遍设立。

该条例实施后，原劳动部在贵阳召开了研讨会，与会人员就新条例的改进进行了充分讨论，同时指出，编制问题和经费问题是新条例贯彻过程中必须解决的普遍性问题。

（三）《中华人民共和国劳动法》

1994 年 7 月《劳动法》的颁布是共和国历史处理劳动争议的重大事件，标志着劳动争议的处理上升到法律层级。《劳动法》专门设置"劳动争议"章节，将此前的《国营企业劳动争议处理暂行规定》和《企业劳动争议处理条例》的主要条款形成了法律条文。

另外，《劳动法》还就劳动合同、集体合同制度、企业裁员和最低工资制度做出了明确规定。2007 年颁布的《劳动合同法》又就劳动关系的重要内容进行了修订。两部法律必将对我国建立完善和谐劳动关系形成强有力的法律保障。

第四节　企业管理制度逐步建立健全

一、职工代表大会制度

民主管理制度对于构建和谐劳动关系至关重要。职工代表大会制度是企业民主管理制度的重要组成部分。改革开放以来，职工代表大会制度经历了恢复、创新到完善阶段。

1981年，中共中央、国务院发布《国营工业企业职工代表大会暂行条例》标志着"文革"期间中断多年的企业民主管理基本形式开始恢复。该条例规定，职工代表大会是职工群众参加决策和管理，监督干部的权力机构；职工代表大会应遵照党的方针、政策和国家的法律、指令，在党委领导下行使职权，正确处理国家、企业和职工个人三者利益关系，协调企业内部矛盾，保证完成国家计划和各项任务，办好社会主义企业；职工代表大会享有讨论生产建设计划、财务预决算等权力；职工代表大会的代表由职工直接选举产生，各类型职工各占一定比例；实行主席团制度，由选举产生的主席团主持职工代表大会的召开。

1982年，五届全国人大五次会议审议通过《中华人民共和国宪法》，规定国有企业通过职工代表大会和其他形式实行民主管理。职工代表大会制度写进了共和国根本大法，制度的落实也就有了坚强有力的法律保证。

1988年，《中华人民共和国全民所有制工业企业法》明确规定了职工代表大会的五项职权。一是审议建议权，即听取和审议厂长关于企业的经营方针、长远规划、年度机会、基本建设方案、重大技术改造方案、职工培训计划、留用资金分配和使用方案、承包和租赁经营责任制方案的报告，提出意见和建议；二是审查同意或否决权，即审查同意或否决企业的工资调整方案、奖金分配方案、劳动保护措施、奖惩办法以及其他重要的规章制度；三是审议决定权，即审议决定职工福利基金使用方案、职工住宅分配方案和其他有关职工生活福利的重大事项；四是评议监督权，即评议、监督企业各级行政领导干部，提出奖惩和任免建议；五是选举（厂长）权，即根据政府主管部门的决定选举厂长，报政府主管部门批准。

同时，《全民所有制工业企业职工代表大会条例》（1986）、《中华人民共和国工会法》（1992）、《中华人民共和国公司法》（1993）等都在《宪法》的范围内对职工代表大会制度做出了明确规定。

另外，《关于进一步加强非公有制企业职工民主管理工作的通知》（2004）关于非公有制企业建立职工代表大会制度作出原则规定；《中华人民共和国劳动合同法》（2007）规定用人单位制定和修改规章制度时必须经职工代表大会讨论，提出方案和意见；《关于建立和完善中央企业职工代表大会制度的指导意见》（2007）针对职工代表大会的原则、权力和义务、运作程序、工作制度等方面做出了系统总结。

2010 年，中华全国总工会发布《关于推行区域（行业）职工代表大会制度的意见（试行）》（总工发〔2010〕47 号），在全国范围内推行区域（行业）职工代表大会制度。所谓区域（行业）职工代表大会是县级以下一定区域或性质相近的行业内若干尚不具备单独建立职工代表大会制度条件的中小企业，通过民主选举代表联合会召开会议，组织职工参与企业管理，行使民主权利，协调解决区域或行业内劳动关系共性问题的民主管理制度。

职工代表大会制度在实践层面取得了可喜的成绩，有资料显示，截至 2014 年 9 月底，全国建立职工代表大会制度的企业事业单位达到 3933.4 万家，另有 180.2 万家企业建立了区域（行业）职代会。

从以上改革历程可以看出，职工代表大会制度是我国一以贯之的民主管理制度，不同时期结合我国现实国情进行修订和完善，在实践中得到丰富和发展，为和谐劳动关系的构建提供有力保障。

二、厂务公开制度

厂务公开制度是指将企业重大投融资决策、生产经营管理等事关职工切身利益的事项通过职工代表大会或厂务公开栏等形式，向广大职工公开，保证职工知情权和监督权。厂务公开制度是我国企事业单位民主管理的基本制度，是各类型企事业单位职工行使民主管理的重要形式。

2002 年 6 月，中央办公厅、国务院办公厅发布《关于在国有企业、集体企业及其控股企业深入实行厂务公开制度的通知》，首次对于厂务公开的意义、原则、要求、内容、实现形式、组织领导等内容做出了明确的规定。

数据显示，截至 2014 年 9 月，全国已建立工会的企事业单位、单独建立厂务公开制度的非公企业分别达到 387 万家和 393.4 万家，建制率均超过 9 成。

三、职工董事制度和职工监事制度

职工董事制度和职工监事制度是指在公司董事会中设立一定比例的职工董事，在公司监事会中设定一定比例的职工监事的制度，职工董事和职工监事需按有关规定履行相关职责的制度。实行职工董事制度、职工监事制度，是公司治理结构的重要组成部分，是国有企业体现中国特色社会主义要求的一个具体表现。

职工董事制度、职工监事制度最早起源于德国，引入我国后，在企业事业单位运用得较多。《公司法》对职工董事制度和职工监事制度做出了明确规定，保证了制度施行的刚性。

第五节 财税体制改革有力促进劳动关系的完善

在构建和谐劳动关系过程中，财税体制促进劳动关系科学化与规范完整具有着重要作用，因为，财税体制是国家介入劳动关系的重要途径，能很好地规范劳动关系中用人企业行为，保证社会保障制度有充足的资金来源。[①]因此，回顾劳动关系发展历程，需要分析改革开放以来财税体制改革对于完善中国特色社会主义劳动关系的重要作用。

一、深入推进"利改税"，理顺国家与企业分配关系

改革开放初期，受制于计划经济体制，国营企业不是真正意义上的商品生产者和经营者，生产经营积极性不高。针对这个局面，财税等部门在实地调研的基础上推动财税制度改革，分两步推动"利改税"的工作，即由上交利润改为交纳企业所得税，税后利润由企业自行支配。

1979年，选择湖北、广西、上海和四川部分国营企业开展"利改税"试点工作，从1980年第四季度扩大"利改税"试点范围。在试点的基础上，1983年，财政部发布《关于国营企业利改税试行办法》，其主要内容是："凡有盈利的国营大中型企业，均按照实现利润和55%的税率缴纳所得税。税后利润，一部分以递

---

①李大毅.论税制改革与社会主义新型劳动关系的改善，〔J〕.中国劳动，2007（03）：21-22.

增包干上缴、固定比例上缴、缴纳调节税、定额包干等办法上缴国家，一部分按照国家核定的留利水平留给企业；凡有盈利的国营小型企业，按照实现利润和八级超额累进税率缴纳所得税，交税以后，由企业自负盈亏，国家不再拨款。"[1]该文件报经国务院审核同意后，同年财政部发布《关于对国营企业征收所得税的暂行规定》，决定从1983年6月1日起，全国范围内普遍推行"利改税"制度。这就是第一步"利改税"，税制改革取得了明显成效，有效调整了国家与企业的分配关系，体现了"国家得大头、企业得中头、个人得小头的原则"[2]，但税制较为单一，税收杠杆的调节作用不能充分发挥出来。

1984年，国务院颁布了《国营企业第二步利改税试行办法》，在第一步"利改税"的基础上，扩大了税种范围。一是将当时的工商税按照纳税对象进一步细分为产品税、增值税、盐税和营业税；二是增加资源税、城市维护建设税、房产税、土地使用税和车船使用税。第二步"利改税"实施后，效果明显，"从1984年起，短短一年内，全国各地实行扩大自主权试点的企业便达2.2万个，为进一步改革和立法打下了基础。"[3]

二、持续实施结构性减税，为劳动关系改善赢得空间

（一）"分税制"确定了政府间财力划分

1994年是我国税制改革的重要年份，注定要写进共和国财政改革大事记。这一年，我国"分税制"开始正式实施。所谓"分税制"，简单理解，就是一个税务征收机关分成了两个，一是国

---

①刘佐.国营企业"利改税"及其历史意义.税务研究，2004（10）：27-33.
②陈少强.国有企业利润分配制度变迁与完善〔J〕.中国财政，2009（8）:19-31.
③王卫国.依法保障和促进国有企业改革〔EB/OL〕.福建住房和城乡建设网，1999-12-22.

家税务局，组织的财政收入归属于中央政府使用；另一个是地方税务局，组织的财政收入归属于省级以下地方政府使用。分税制实施以来，国税和地税各自的税种划分没有根本性的变化，截至目前，国税和地税包含的税种详见下图。

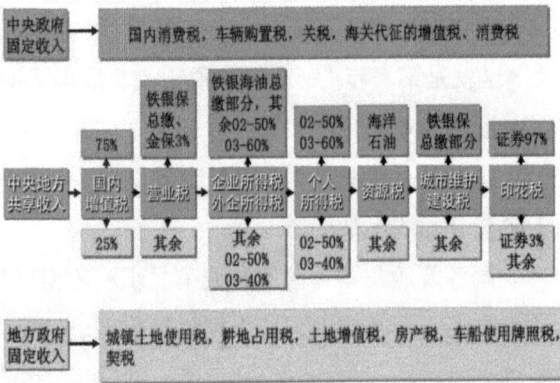

图 2.1　国税与地税税种划分

国税和地税确定了各级政府间财力的划分，也在不同程度上影响了政府对不同层级的国有企业的投资支持力度。当然，在公共财政体制下，也必然影响到某一区域内的非公企业享受政府公共服务的程度。比如，在东部省份，地方政府财力雄厚，在基础设施投资方面力度较大，提供的诸如养老、医疗等公共服务较为完备，自然对于该区域内企业和谐劳动关系的建立完善是一个巨大推动作用；相反，在中西部地区，地方政府财力紧张，质量较低的公共服务环境则不利于企业劳动管理的改善。因此，财税体制改革对企业和谐劳动关系的建立与完善产生外部间接作用，而这个作用是企业无法回避的。

（二）结构性减税持续推进，降低了企业税收负担

"1994"年分税制改革以后，我国实施了一系列结构性减税政策，详见表 2.2。

表 2.2　主要结构性减税政策

年份	涉及税种	具体内容	预计效果
2006	农业税	从 2016 年 1 月 1 日起，全国范围内停止征收农业税，减轻了农业从业者和农业企业的税收负担，有效调动积极性。	政府每年减少税收收入 1500 亿元。
2008	企业所得税	《企业所得税法》规定，企业所得税率从 33% 减低至 25%。同时针对高新技术企业设置 15% 的低税率，对小微企业设置 20% 的照顾性税率。	政府每年减少税收收入 920 亿元。
2009	增值税	2009 年实施增值税转型改革，即从生产型增值税转为消费型增值税，允许抵扣企业购进固定资产的进项税额。	政府每年减少税收收入 1200 亿元。
2011	个人所得税	此前，已针对工资薪金个人所得税的免征额进行了两次调增，自 2011 年 9 月 1 日起调增至 3500 元，同时将此前的 9 级超额累进税率调整成为 7 级。	政府每年减少税收收入 1600 亿元。
2012	营业税、增值税	自 2012 年起，实施"营改增"，试点地区和行业逐年扩大，2016 年 5 月开始在全国范围内全行业实施实施"营改增"。	保守预计，政府每年减少税收收入超过 6000 亿元。

从上表可以看出，自改革开放以来，我国政府成功地运用一系列税收优惠政策降低企业税收负担，同时通过财政补贴的形式减免企业社保费用支出，为改善企业劳动关系让渡出了较大空间。

第三章 国际公司构建和 谐劳动关系实践

第一节 国际公司经营状况分析

一、国际公司概况

中铁十八局集团有限公司，自1995年承建巴基斯坦上斯瓦特运河引水工程后，开始进入海外市场。1998年取得对外经营权。2001年，成立中铁十八局海外公司，2006年，更名为中铁十八局国际公司，隶属中铁十八局集团有限公司分公司。2008年11月，经中国铁建股份有限公司同意，改制成立了中铁十八局集团国际工程有限公司（下称"国际公司"），成为具有独立法人资格的子公司，注册资本金七千万人民币。2009年1月18日，国际公司改制挂牌成立。

（一）企业资质

国际公司可承担国内外铁路、公路、水利水电、市政公用、房屋建筑工程施工；隧道、桥梁、机场跑道、公路路面、城市轨道、通讯信号、建筑装饰装修、管道工程、土方工程、建筑防水工程、爆破与拆除工程、机电设备安装、钢结构工程施工；勘察设计、监理咨询；国际贸易等项目。

（二）人员构成

国际公司现共有职工 1079 人（含内部接收人员 113 人），其中在岗职工 988 人，其他人员 91 人（含内退、待岗、离岗休养、在外助勤等人员）。

1. 学历结构。本科以上学历 640 人，专科学历 248 人，中专及以下学历 191 人。

2. 年龄结构。30 岁以下 405 人，31–40 岁 404 人，41–50 岁 145 人，51 岁以上 125 人。

3. 职称结构。高级职称 130 人（教授级 2 人），中级职称 243 人，初级职称 459 人。

（三）组织结构

国际公司领导班子成员 9 人，执行董事、总经理 1 人，党委书记 1 人，常务副总经理 1 人，副总经理 4 人，总工程师 1 人，总会计师 1 人。

国际公司机关共设职能部门 13 个，其中行政系统 12 个，分别是综合管理部、市场开发部、工程管理部、科技管理部、安全质量管理部、后勤保障部、国际贸易部、人力资源部、财务部、审计监察部、责任成本管理中心、法律事务部；党群系统 1 个，党委工作部（工会）。公司机关总定员 54 人（不含领导班子成员），目前实有人员 62 人。

国际公司目前下设驻外机构主要采取分公司加直属项目部的管理运营模式，现注册海外分公司 8 个，分别是马斯喀特公司（阿曼工程公司）、中国铁道建筑（泰国）有限公司（泰国工程公司）、迪拜工程公司、卡塔尔公司（隶属迪拜工程公司管理）、尼日利亚有限公司（尼日利亚工程公司）、马达加斯加公司（马达加斯加项目部、乌干达项目）、沙特工程公司（含沙特麦麦高铁项目部、沙特南北铁路项目部）、科威特工程公司（科威特项目经理部）；直属项目部2个，苏丹项目部、海外隧道工程项目部；国内分公司1个，为大都工程公司。

（四）下属单位基本情况

国际公司现经营的项目遍及亚洲和非洲，基本情况如下表所示。

表 3.1 2015 年公司下属单位基本情况

单位：万元、人

单位名称	资产总额（单位：万元）	净资产（单位：万元）	利润总额（单位：万元）	在岗职工人数	所在国家或地区
国际公司机关	123005	12144	-3389	120	中国天津市
苏丹项目部	8499	333	323	15	苏丹
南北铁路项目部	22556	1148	1377	18	沙特阿拉伯
科威特项目部	94983	-2280	-2260	59	科威特
麦麦高铁项目部	37547	0	0	60	沙特阿拉伯
海外隧道项目部	46539	2098	2013	40	沙特阿拉伯
尼日利亚公司	24235	2515	2575	76	尼日利亚
沙特公司	27996	59	0	71	沙特阿拉伯
阿曼公司	3510	756	25	10	阿曼
泰国公司	109	-9	-716	1	泰国
迪拜公司	29179	1868	937	74	阿联酋
马达加斯加公司	17439	368	316	42	马达加斯加
大都公司	78462	9257	1004	493	中国北京市

二、"十二五"期间国际公司经营情况

"十二五"期间,凭借认真落实科学发展观,科学创新的管理,艰苦奋斗的精神,国际公司较为圆满地完成了"十二五"发展战略规划。

（一）生产经营快速增长

"十二五"期间,国际公司坚持以发展为主题,大力加快国际化进程,取得了一定成绩。目前,在 10 个国家的经营范围涵盖了水利水电、房屋建筑、市政工程、石油管道、普通铁路、城市轻轨、高速公路和高速铁路等多项领域,并相继承揽了 65 项海外项目,合同总额 26.03 亿美元,按中标时的利率计算,折合人民币 162.71 亿元。

表 3.2　国际公司海外工程项目

年份	工程项目数	合同额（亿美元）	折合人民币（亿元）
2011	15	2.24	14.49
2012	8	12.64	79.55
2013	19	2.88	17.76
2014	13	6.46	39.71
2015	10	1.82	11.19

（二）企业信誉大幅提升

"十二五"期间,公司综合施工能力明显增强,共完成海外施工产值 21.83 亿美元,折合人民币 137.03 亿元,其中 2011 年完成海外施工产值 5.8 亿美元,折合人民币 38.26 亿元；2012 年

完成海外施工产值 4.33 亿美元，折合人民币 27.27 亿元；2013
年完成海外施工产值 4.06 亿美元，折合人民币 24.75 亿元；2014
年完成海外施工产值 4.09 亿美元，折合人民币 25.05 亿元；2015
年完成海外施工产值 3.55 亿美元，折合人民币 21.70 亿元。高质
量建成的海外项目不但塑造了企业的良好形象，而且赢得了业主
的广泛认可。其中，尼日利亚 EEC 公司继续保持了良好发展势头，
现已成为在尼利亚建筑市场质优价廉、经济适用的标志。国际公
司设计施工总承包的马达加斯加公路工程受到了马达加斯加国家
工程部和世界银行、非洲银行的正面评价。迪拜公司不但在迪拜
站稳了脚跟，而且经营业务已拓展到了首都阿布扎比。在沙特，
国际公司严格遵循 FIDIC 条款，严格执行技术标准，赢得了业主
沙特交通部、城乡事务部的高度好评。

（三）全面建设取得积极进展

人才工程稳步实施，公司目前拥有在册中高级管理技术人员
373 名，占职工总数的 35%，初步具备了管理密集型、技术密集
型特征。各海外单位在工程报价与管理、人力组织、材料采购、
机械租赁等方面积累了一套比较成熟的经验，基本上熟悉了所在
国或美英等发达国家的施工管理规范，造就了一批能胜任海外经
营管理的人才队伍，为后续项目的滚动发展提供了有力保证。劳
务招收派遣进一步规范，外事签证工作快捷及时，为施工任务的
顺利完成做出了积极贡献。市场信息管理日趋规范，标书编制质
量更趋精准。海外设备物资的选型配备、招标购买、海运清关以
及相互调剂，效果良好。银企、税企关系不断增强，继续保持了
对外承包 AAA 资信。公司班子坚强有力，以提高队伍思想政治
素质为主线的爱国主义教育、职业道德教育和企业文化教育不断

深入，以稳定情绪、化解矛盾、维护团结为出发点的思想教育扎实有效，以劳动竞赛、创建文明工地为载体的争先创优活动特色鲜明。

三、发展环境分析

（一）中东市场

中东市场政局稳定，经济增长较快、社会治安状况良好，是公司的主要市场，目前公司在中东的5个国家（阿拉伯联合酋长国、卡塔尔、沙特、科威特、阿曼）共有在建工程项目21个。2015年，"一带一路"战略将进入实质性的推进和贯彻落实阶段。共建"一带一路"，将深刻地改变中国，也将激发沿线国家的经济发展潜力，实现互利共赢。目前"一带一路"沿线已有50多个国家响应。在"一带一路"战略的施行中，先行的交通基础设施互联互通，被具体化为公路、铁路、航运等领域的联通项目，给十八局这样已在海外有近20年施工经验的单位和当地的基础设施建设企业带来了庞大的市场机会。

1. 沙特市场。沙特是世界上石油储量和石油生产输出第一大国。在未来一段期间内，沙特将继续加大对基础设施项目的投入。为满足人口增长需求，沙特政府计划在未来10年投资660亿美元用于供水建设，未来15年沙特还将投入120亿美元，每年新增住房30万套。但是，随着近期国际油价持续下跌，沙特政府财政预算大幅缩减，沙特政府取消了很多基建项目，并直接导致业主大幅降低了中标工程的预付款支付额度，甚至很多项目不再有预付款。2015年下半年，沙特公司没有任何投标项目。另外随着近几年沙特政府对建筑、基础设施建设市场的投入逐步加大，当地建筑公司和大量国外建筑公司纷纷涌入沙特建筑市场，中资承包企业主要面临日本、韩国承包商以及沙特当地承包商和周边伊斯兰国家承包商的激烈竞争，特别是近年来，市场中标价格不断降低，部分项目已接近无利可图的底线，石油的价格并无上涨趋势，为保生存建筑市场竞争将更加激烈。

2．迪拜市场。2015年以来，迪拜的房地产销售市场有所下滑，加上石油、钢材等大宗货物价格下跌，周边局势不稳等因素，未来几年阿联酋经济增速放缓、前景不是太明朗，建筑市场竞争激烈。但长期看，阿联酋仍具有稳定的增长动力，其非石油产业发展迅速，政府支出保持在较高水平，支撑基础设施建设、制造业等部门的增长。同时，迪拜已获2020年世博会主办权，相关的基建、旅游热潮将为阿联酋经济注入新活力。

3．卡塔尔市场。其建筑市场发展前景看好，未来卡塔尔政府将积极推动与2022年世界杯足球赛相关的基础设施建设，如地铁、高铁等项目，以及加工制造业、金融、房地产等产业。

4．阿曼市场。阿曼未来几年将大力发展基础设施建设和教育卫生领域的投入。阿曼目前无铁路，但筹划已久的海湾国家铁路网阿曼区段即将开建，计划长度2244公里，分9个路段。阿曼公司目前也在跟踪阶段，国际公司一定要抓住这个大好机会，能够参与阿曼铁路项目的建设。

5．科威特市场。近年来科威特市场逐步活跃，根据科威特议会批准，2015-2017年，3年间科威特计划投资1000亿美元到基础设施建设中。当地政府于2014年开启5年计划，并大幅增加项目市场投资份额，约计2170亿美元。但科威特市场有如下特点：第一，科威特多数项目的招标、设计及施工规范体系落后。例如合同条款不符合国际通用惯例、清单项简单不全面、规范苛刻落后、不认可新兴的优秀的中国的建筑材料商等。第二，科威特各业主规定只有拥有科威特本国工程师协会认可的工程师证书才能正式上岗，公司不得不在管理人员上多重配备，从而加大了管理费成本。第三，签证问题导致人力资源短缺，造成公司引进外来劳动力效率低下。第四，科威特建筑市场项目合同不执行菲迪克合同，其项目合同规定的工程量清单为总价包干，数量只是参考，而项目清单简单、存在漏项，但是索赔几乎没有可能。第五，科威特对于承包商除了要求具有投标文件要求的土建、市政等资质外，对于工作中所涉及到的装饰装修、水电、空暖、消防都需要特殊审批和专门的资质要求，导致承包商作为主包商并不能完全自行组织所有项目的施工，而由于科威特的国家保护政策，科威特不承认国家外的特殊专业分包商，很多工作必须分包给当地分包商，又由于当地分包商实力有限，导致项目管理难度加大，施工主动权不能完全掌握在主包商手中。

总体来说，中东建筑市场虽然竞争激烈，但未来发展前景看好。

（二）东南亚市场

东南亚市场发展潜力较大，随着中国"一带一路"规划的不断深入落地，将大力带动这一区域的交通基础设施发展，是国际公司主要的开拓市场之一。其中印度尼西亚是东南亚最大的经济体，未来几年印尼新政府的系列经济改革有望巩固经济发展态势，经济总体向好。但印尼基础设施建设相对滞后，成为制约印尼经济发展和投资环境改善的主要瓶颈，其道路领域预计 2015–2024年的实际增长率可达 12.8%，预计到 2024 年其道路领域产值可占到亚洲地区的 33%，成为亚洲最大的道路市场。

（三）非洲市场

国际公司在非洲尼日利亚、苏丹、马达加斯加、乌干达、埃塞俄比亚、乍得五个国家有在建工程项目19个。非洲是中国对外承包工程的第二大市场。近年来，随着非洲经济的快速发展，工程承包市场不断扩大，国际公司的业务也不断增长。2015年一季度，国际公司在非洲的工程承包新签合同额231.1亿美元，同比增长49.4%，非洲市场占了海外工程承包新签合同额的50.7%。在新签合同额位居前10位的国家中，非洲国家占了7席，这对于对外承包工程企业具有巨大的吸引力。

非洲工程承包市场趋势呈现出以下几点特征：第一，是房地产市场和电力市场将会大幅增长；第二，跨国跨区域工程承包项目和工业基础设施建设将大幅增加；第三，PPP模式将会是发展趋势；第四，招投标过程透明度和技术壁垒增加；第五，市场竞争环境更加严峻，市场多元化发展战略为更多企业采用；第六，安全问题继续存在。但是非洲国家往往缺乏建设资金，需要国际公司协助融资。同时多数国家安全形势较差，环境卫生条件恶劣，政局不稳定，汇率和经济动荡较大，在这些国家从事工程承包的风险也较大，需要国际公司找到有效规避风险的办法。

四、发展战略

一是大力发展既有市场，如中东和非洲市场，进一步提高本地化经营水平。依靠国际公司在项目所在国积累的人脉关系资源和相应的施工业绩，进一步开拓海外市场。以干促揽，深耕细作，实现良好的滚动发展，与业主和政府建立良好的关系，多承揽政府的大型项目。

二是抓住"一带一路"的战略机遇，进一步扩大走出去的步伐，开拓"一带一路"沿线国家及非洲、亚洲中前景良好的市场。

三是必须在全面、深入了解合作方实力的基础上，慎重选择合作伙伴，加强与系统内外企业的合作（如中铁建国际集团和中土公司）。

四是创新经营模式。传统的以施工总承包及 EPC(Engineering Procurement Construction) 工程总承包为主的业务模式已不能满足企业快速发展和国际建筑市场的需要，国际公司应加快创新步伐，积极探索新模式，尝试发展与承包工程相关的投融资项目，加大对 PPP、BT、BOT 模式的研究和推动，探索以小额投资入股获取项目建设权。

五是高度重视海外经营风险管理工作，牢固树立风险防范意识，加强对海外社会政治风险、经济与法律合规风险、社会治安风险、自然灾害风险和内部管理风险等的防范，确保海外经营管理安全有序稳步发展。

第二节　加强劳动合同管理

国际公司一直重视劳动合同管理，通过完善员工劳动合同管理制度，理顺人事管理的基础工作。2015 年全年共新签劳动合同 40 份，解除了调出或辞职的 37 名人员的劳动合同。同时，我们向各单位收集所有正式职工的身份证复印件、毕业证扫描件等，进一步完善了劳动合同花名册及电脑管理台账。

2016 年进一步加强劳动合同新签、续签、变更、终止和解除等各个环节的管理，完善了劳动合同管理台账，实现了劳动合同的规范化管理，全年新签劳动合同 36 人，续签劳动合同 12 人，赴劳动局办理就业登记 370 人，终止和解除劳动合同 23 人。新晋专业（技术）人员劳动合同有些已经到期需要续订，由于大部分人员身在国外，空白合同已交由出国人员带出，待续签完毕后带回国内。

为贯彻《劳动法》《工会法》《公司法》等法律法规，加大企业民主管理力度，推动企业的健康发展，2013 年 9 月，国际公司发布《集体合同管理办法（试行）》，以此规范集体合同管理。

一、集体合同

集体合同是指由工会代表和组织职工与用人单位代表，依照法律规定，通过集体协商缔结的，以劳动标准条件为核心内容，用于确定协调劳动关系的书面契约。签订集体合同是平等协商的结果。集体合同分为综合性集体合同和多项、专项集体合同。

（一）集体合同内容

国际公司规定，集体合同应当包括第四条（本企业最低工资标准）平等协商的内容，同时还应包括以下内容：

1. 因履行集体合同发生争议的处理；

2. 违反集体合同的责任；

3. 集体合同的变更、解除和终止；

4. 集体合同期限，依照劳动部《集体合同规定》，集体合同期限为 1 至 3 年；

5. 双方认为应当协商约定的其他内容。

（二）集体合同的签订和报审程序

1. 集体合同的起草和协商

在平等协商后，如双方达成签订集体合同的意向，集体协商前即可先行商定由工会和企业行政一方起草或各自起草，或共同起草集体合同文本，并围绕草拟的集体合同文本进行平等协商。

2．集体合同的审议和签约

通过平等协商会议，在双方协商代表对集体合同内容达成一致的基础上，形成集体合同草案，并提交职工代表大会讨论通过审议。

（1）职工代表大会审议集体合同草案和双方签约的程序。

（2）提前将集体合同草案发至职工代表讨论，并就有关事宜进行沟通，工会和行政根据职工代表的意见可进一步协商调整集体合同草案、内容。

（3）召开职工代表大会，由双方首席代表就集体合同的内容和协商过程做出说明。

（4）会上由工会或行政宣读集体合同草案。

（5）职工代表以无记名投票方式进行表决，表决须经全体职工代表过半数通过。

（6）集体合同草案经职工代表大会通过后，由双方首席代表签字盖章。未获通过的集体合同草案，双方首席代表不得签字。应由双方在 10 日内再行协商修改后，提交职工代表大会审议。

（7）双方首席代表签字盖章后，做表态性讲话。

（三）集体合同的报审、公布

1．自集体合同正式签订之日起 10 日内，由企业行政按照有关规定，将集体合同文本、双方主体资格合法证明、双方协商原始记录（记录员签字）、职代会通过的决议及进行集体协商签订集体合同的情况说明报送劳动保障行政部门审查。

2．劳动保障行政部门自收到集体合同文本之日起 15 日内，应将《集体合同审查意见书》送达报送单位的双方代表。15日内未提出异议的，集体合同即行生效。

3. 集体合同生效后，应于15日内向广大职工公布。

（四）集体合同的履行和续签

1. 协商双方要利用各种有效方式宣传集体合同，增强各级行政领导和广大职工的依法保护意识、履约意识、合作意识，并认真履行集体合同。

2. 在施行集体合同过程中，工会要组织职工代表和职代会专门委员会对履约情况进行监督检查，并将检查结果向职工代表大会报告或职代会联席会议报告。企业行政也要定期向职工代表大会或职代会联席会议报告集体合同执行情况，接受职工代表大会的监督。

3. 在原集体合同期满前60日内，双方应积极沟通，一方向对方提出意向书，进行下一轮的平等协商，签订下一轮的集体合同。

二、工资集体协商

工资集体协商是指专门就工资问题进行的专项集体协商制度，通过工资集体协商签订的工资集体协议是专项集体合同。

（一）工资集体协商代表

1. 已经建立集体协商和集体合同制度的单位，集体协商代表就是工资集体协商代表，为适应工资集体协商的需要，可对协商代表人员进行调整。

2. 进行工资集体协商，协商双方可以书面委托本企业以外的专业人士作为本方协商代表，委托人数不得超过本方代表三分之一。

（二）工资集体协商内容

1. 工资分配制度、内部分配方式、工资标准；

2. 职工年度工资水平和调整幅度；

3. 工资支付办法和发放时间；

4. 本企业最低工资标准；

5. 奖金、津贴、补贴等分配办法；

6. 加班加点工资的计算标准及支付办法；

7. 职工年休假、法定休假日、婚丧假、病假、探亲假、依法参加社会活动期间和特殊情况下的工资支付标准及办法；

8. 企业税后利润分配中，公积金、公益金、按生产要素分红基金的提取比例及分配办法；

9. 变更、解除工资协议的程序；

10. 工资协议的终止条件；

11. 工资协议的违约责任；

12. 工资协议的期限；

13. 双方认为应当协商约定的其他事项。

每次工资集体协商，根据企业实际，可在上述（1）~（8）内容中选择，可以是全项的，也可以是单项的和多项的。

（三）工资集体协商的原则

进行工资集体协商必须坚持以下原则：

1. 经营成果公平分享的原则；

2. "按劳分配"和"按劳分配与按生产要素分配相结合"的原则；

3. 职工实际工资水平在本企业经济发展的基础上合理增长的原则。

（四）工资集体协商的程序

工资集体协商前的准备工作。工会通过各种形式，广泛了解各方面职工对工资调整的要求，结合企业实际情况确定职工方工资集体协商的重点内容。

工会搜集、掌握、分析和参考下列因素和情况：

1. 本企业上年度职工工资总额和平均工资水平；

2. 企业上年度劳动生产率、工资利润率和经济效益完成情况；

3. 企业资产保值增值情况；

4. 国家和当地有关工资分配的宏观调整政策；

5. 同行业、同类企业的人工成本水平；

6. 当地和同行业企业职工的平均工资水平；

7. 当地劳动保障行政部门发布的工资指导线、劳动力市场工资指导价位；

8. 当地城镇居民消费价格指数；

9. 其他与工资集体协商有关的情况。

在协商前 5 日内，工会有权要求企业方提供与工资集体协商有关的真实情况材料。

工会组织职工协商代表，学习文件规定，统一思想认识，确定工资集体协商目标，研究协商方案。

工资集体协商的程序可与集体协商的其他内容同期进行。

工资集体协议的签订和报审程序同"第四条集体合同的签订和报审程序"。签订集体合同的单位，签订工资集体协议可与签订集体合同同期进行，并作为集体合同的附件同时报审。

（五）工资集体协议的履行和续签

工资集体协议的履行和续签同"集体合同的履行和续签"。

（六）工资集体协商规范程序要求

为进一步规范集团公司工资集体协商签订集体合同工作，构建和谐稳定的劳动关系，根据《劳动法》《劳动合同法》《集体合同规定》和《天津市企业工资集体协商条例》，2014年，中铁十八局集团公司发布《关于规范集团公司工资集体协商程序的通知》（公司工组宣〔2014〕429号），用以规范各子公司、集团公司所属各单位工会签订集体合同工作。

1. 产生协商代表

（1）产生代表。企业方协商代表由企业法定代表人确定。职工方协商代表由工会组织推荐，经超过半数的职工代表或者职工同意后产生。协商双方代表人数应当对等，每方协商代表为3至7人。双方协商代表不得兼任。

（2）确定首席代表。企业方首席代表由法定代表人或者由其书面委托的其他负责管理人员担任。职工方首席代表由工会主席或者由其书面委托的其他职工方协商代表担任。

2. 提出要约

（1）提出协商要约。用人单位与职工一方均可以提出工资集体协商的要求，提交书面协商要约书，提出集体协商的时间、地点、内容及需要对方提供的资料等。

（2）要约答复。接受要约书的一方，在接到要约书5日内应书面答复对方，不得拒绝或者拖延。

3. 集体协商

（1）征求各方面意见。职工方可通过召开工会小组会、有关人员座谈会等形式，广泛了解不同职务、岗位、工种职工在劳动报酬等方面的意愿和要求，认真梳理并进行汇总分析，提炼出职工关注的焦点问题，作为协商的主要内容和议题，确定本方协商立场和目标。

（2）准备协商资料。开展协商前工会要认真收集与协商内容有关的内部资料，包括企业生产经营状况、主要经济效益指标和历年完成情况、人工成本、上年度工资总额和人均收入水平等；外部资料，包括地方政府发布的工资指导线、最低工资标准、居民消费价格指数、劳动力市场供求状况、人工成本水平、同行业或具有可比性企业的工资水平等信息资料。

（3）确定协商重点。

集体协商一般包括以下内容：劳动报酬；劳动定额标准；工作时间和休息休假；劳动合同管理；劳动保护；劳动条件和职业危害防护；保险和福利；女职工和未成年工特殊保护；职工文化生活和职业技能培训；裁减人员的条件；程序和补偿标准；特殊情形下的职工权益保护；劳动纪律和考核；奖惩制度；集体合同期限。

集体合同中，劳动报酬条款要具体量化，劳动报酬增长幅度要明确。劳动报酬主要包括：工资分配制度、工资标准和工资支付办法；年度工资总额和职工年度平均工资水平；工资调整幅度及办法；奖金、津贴、补贴等分配办法；加班加点、病假、休假等特殊情况的工资支付；实行计件工资制的计件单价的确定。

集体合同期限一般为3年。在有效期内，企业方与职工方应就职工年度工资水平、工资调整办法和最低工资标准等劳动报酬内容每年进行协商，订立工资专项集体合同或工资补充协议。

4、召开协商会议

企业方与职工方应当做好协商会议的准备工作，协商会议由双方首席代表轮流主持，首先由主持人宣布协商议程、协商规则和协商纪律，一方的首席代表提出协商的具体内容和要求，另一方首席代表就对方的要求作出回应，双方就协议草案发表各自的意见，开展讨论。双方各确定一名记录人员如实记录集体协商会议内容。

5．讨论通过

（1）拟定草案。集体协商形成一致意见后，由集体协商一方制作工资集体协议草案文本。

（2）召开职工（代表）大会审议讨论工资集体协议草案；专门委员会（小组）对履约情况进行检查，其结果向职代会报告；企业行政报告执行情况，接受职代会监督，双方首席代表在正式文本上签字生效。

（七）报送审查

1．准备报审资料

（1）由双方首席代表签字的集体合同文本一式4份；

（2）企业营业执照副本或有关登记证副本复印件1份；

（3）双方首席代表身份证明复印件1份；

（4）企业集体合同送审表1份；

（5）协商代表的基本情况表1份；

（6）集体协商过程说明1份；

（7）会议记录；

（8）职工代表大会或者职工大会讨论通过集体合同草案的决议。

2．报送人社部门审查

集体合同订立后，企业方应当在10日内将集体合同文本及报审所需相关资料报送辖区人力资源和社会保障部门审查备案。对审查通过的集体合同，人力资源和社会保障部门自收到文本之日起15日内出具《审查意见书》。

（八）公示备案

1. 建立监督检查制度

企业方与职工方应当建立集体合同、专项集体合同、工资协议履行情况的监督检查制度。企业方每年至少向职工代表大会或者全体职工报告一次集体合同的履行情况。

2. 整理归档集体合同资料

集体合同档案资料要真实、完整，妥善保存。资料主要包括：

（1）工会向企业发出的要约书和企业的复约书；

（2）职工一方和企业方面各自的协商代表名单；

（3）召开协商会议的书面记录；

（4）集体合同或工资专项集体合同文本；

（5）职代会或者全体职工讨论通过集体合同或工资专项集体合同的决议；

（6）人社部门出具的《审查意见书》；

（7）企业公布集体合同或工资专项集体合同的书面记录；

（8）建立集体合同履行监督组织和履行情况的说明。

在《管理办法》的指导下，国际公司根据集团公司工会《关于规范集团公司集体协商程序的通知》（详见附件2）要求，严格工资集体协商法律程序、规范协商代表的产生、协商要约、合同的订立签订、合同的履行等程序，全力推进劳动关系和谐企业建设。

2015年初专门下发了《关于征求集体协商意见建议和推选

集体协商代表的通知》，在全公司范围内征求协商意见和建议，并由基层逐级推选，由公司工会全委会投票决定的方式产生集体协商代表；适时向行政方发出《工资集体协商要约书》，培训协商代表了解工资协商的相关法律和政策；按照法定程序与公司行政方就工资集体协议、《集体合同》和专项集体合同修改条款进行协商；对合同条款进行了修订，对海外职工就医用药做出了详细规定：根据项目所在地区不同情况，合理配备医护人员，中东地区确定职工就医定点医院，保障职工及时就医。非洲地区一个项目（或40~60人）配一名随队医生，合理发放职工日常救急用药；回国休假人员，可到公司机关领取或所在项目给职工带足易发传染病用药，保障职工的生命健康安全。《女职工权益保护专项集体合同》规定女职工卫生费由2014年度的50元提高到100元；女职工生育子女，男职工陪护假延长10天。同时，将职工工伤保险纳入社会统筹管理，使《集体合同》效力覆盖到全体职工，形成企业和职工共建和谐、共享和谐的新局面。

2016年，加强集体协商代表关于工资协商相关法律和政策的培训，帮助他们掌握支持协商的有关数据资料，熟悉基本的财务知识，学会分析和判断企业生产经营状况。认真分析公司国内外人员情况，根据职工工作地点不同、岗位不同，制定不同的工资分配方案和津贴标准。在职工代表大会上举行集体合同签约仪式，由行政方法人代表和工会方法人代表分别在《集体合同》和《工资集体协议》上签字，邀请上级工会领导和公司党委负责人到现场见证；留有《集团协商要约书》《答复书》、会议日程安排、企业方和职工方协商记录、双方代表名单、协商会议、合同签订现场等8种资料，各项指标均达到标准要求，形成企业和职工共建和谐、共享和谐的新局面。

第三节　促进民主管理制度建设

一、职工代表大会

2014 年 2 月，国际公司发布《职工代表大会实施细则》，用以指导公司职工代表大会的实际运作。

（一）总则

为认真贯彻党的全心全意依靠工人阶级的指导方针，保障职工依法行使民主管理权利，充分发挥职工的积极性和创造力，加速企业的改革和发展，根据《公司法》《劳动法》《工会法》以及《中铁十八局集团有限公司加强工会工作和民主管理的实施意见》，结合公司实际，制定《职工代表大会实施细则》。

职工是公司的主人，是公司生存和发展最可靠的力量。公司依法建立健全职工代表大会制度，保障与发挥工会和职工依法行使民主管理的权利和作用。职工代表大会是公司职工民主管理的基本形式，是职工行使民主管理权力的机构。职工代表大会接受公司党委的思想政治领导，贯彻执行党和国家的方针、政策，正确处理国家、公司、职工三者利益关系，在法律规定的范围内行使职权。

公司工会是职工代表大会的工作机构，负责职工代表大会的日常工作，代表和组织职工参与民主决策、民主管理和民主监督，依法独立自主地开展工作。

职工代表大会支持执行董事、总经理依法行使职权，教育职工遵守公司章程，履行法律、法规规定的义务。

公司领导班子成员尊重职工的民主权利，执行职工代表大会的决议，接受职工代表大会的监督。

职工代表大会实行民主集中制。

（二）职工代表大会职权

职工代表大会行使下列职权：

1. 听取和讨论公司发展规划和生产经营等重大决策方案（涉及企业商业秘密的除外）的报告，提出意见和建议。

2. 讨论通过集体合同草案和涉及职工切身利益的重大改革方案，对企业内部制定的重要规章制度，事先提出意见和建议。

3. 审议决定本公司提出的有关职工生活福利的重大事项，并通过代表无记名投票形式进行表决。

4. 评议、监督本公司总经理和其他领导班子成员，向有关方面提出奖惩建议。对不胜任票数超过实到会议代表半数以上的建议免职。

5. 听取业务招待费使用情况报告和其他须经职工代表大会审议或决定的事项。

（三）职工代表

按法律规定享有政治权利的本公司职工，均可当选为职工代表。职工代表实行常任制，每3年改选一次，可连选连任。职工代表还应具备下列条件：

1. 坚持党的基本路线，拥护和执行党和国家的方针政策、法律、法规。

2. 主人翁意识强，爱岗敬业，顾全大局，作风正派，以身作则，办事公道，坚持原则。

3. 密切联系群众，热心为职工群众办事，善于反映职工群众的意见和要求。

4. 具有一定的政策水平、管理知识和参政议政的能力。

职工代表的数额按职工总数的一定比例分配。由基层职工采取无记名投票的方式选举产生，经各级党组织审核，并报代表资格审查委员会审查后方为有效。

职工代表对选举单位负责，定期向选举单位汇报工作，听取职工群众意见。

职工代表大会根据需要，可以邀请一些未当选职工代表的有关领导和部门负责人，作为列席代表参加会议，还可特邀部分离退休老职工和职工家属等参加会议，使大会具有更广泛的代表性。列席代表和特邀代表在会上有发言权和建议权，没有表决权和选举权。

选举单位有权监督或根据民主程序撤换本单位的职工代表。职工代表因工作需要在公司内调动，选举单位可根据具体情况提出保留和调换的意见。职工代表调出公司、离退休、死亡，其代表资格自行取消。犯有严重错误和触犯刑律的，撤消其代表资格。原单位代表缺额，可经过民主程序补选，并报公司工会审定。

职工代表的权利：

1. 在职工代表大会上，有选举权、被选举权和表决权；

2. 有权参加职工代表大会及其工作机构组织的对职工代表大会决议、决定执行和提案落实情况的检查活动，质询领导和工作人员；

3. 因参加职工代表大会组织的活动而占用生产或工作时间，按照正常出勤享受应得的待遇。

对职工代表行使的民主权力，任何组织和个人不得压制、阻挠和打击报复。

职工代表的义务：

1. 努力学习党和国家的方针、政策和法规，不断提高政治素质、技术业务水平和参加管理的能力；

2. 密切联系群众，代表和维护职工的合法权益，及时了解企业生产经营情况，如实反映职工群众的意见和要求，认真执行职工代表大会的决议，做好职工代表大会交办的各项工作；

3. 模范遵守国家的法律、法规和公司的各项规章制度、劳动纪律，做好本职工作。

（四）组织和工作制度

公司职工代表大会每 3 年一届，每年至少召开一次，每次大会必须有三分之二以上的职工代表出席。进行选举和作出决议、决定，必须经应到会代表过半数通过。大会闭会期间遇有重大问题，经执行董事、总经理和公司工会或三分之一以上职工代表提议，可以召开临时会议。

为便于工作，公司职代会共组成两个代表团，代表团按区域分组，并随项目撤并重组或各单位职工代表人数的变化进行随时调整。各代表团推选正副团长各 1 人。

职工代表团组的主要任务：

1. 广泛听取群众意见，征集提案，并将提案送交职代会工作机构；

2. 组织代表审议大会的各项议案；

3. 宣传贯彻职代会决议，检查、监督职工提案落实工作；

4. 组织代表参加日常民主管理活动。

召开职工代表大会应选举主席团主持会议。主席团成员应包括工人、技术人员、管理人员和公司的领导干部。

主席团产生程序：

1. 工会根据《职工代表大会条例》规定，结合企业实际，与公司领导协商后，提出大会主席团的人数、构成具体方案；

2. 召开代表团长扩大会议，讨论确定大会主席团候选人名单；

3. 主席团候选人名单提交职工代表大会预备会议选举，经应到会职工代表半数以上同意方可当选。

主席团主要职责：

1. 主持开好大会，领导大会期间的各项工作；

2. 决定大会议题和日程安排，并有临时动议的决定权；

3. 听取和综合各代表团对各项方案的审议意见和建议，对方案进行修改；

4. 主持大会的表决和选举工作；

5. 草拟大会决议；

6. 处理大会的其他重要事项。

职工代表大会要发动和组织职工代表围绕中心议题征集代表提案。职工代表提案征集、处理和落实情况应及时反馈，职工代表提出议题和提案经主席团审定后，也可以作为大会议题。

应由职工代表大会审议决定的事项，未经审议通过不得实施。职工代表大会在其职权范围内决定的事项，非经职工代表大会同意，不得修改。

职工代表大会闭会期间，需要临时解决的重要问题，由公司工会召集职工代表团组、长和专门工作委员会联席会议，协商处理并向下一次职工代表大会报告予以确认。联席会议可根据会议内容邀请公司党政领导或其他有关人员参加。

职工代表大会根据工作需要设立专门工作机构。公司职工代表大会设立评议监督干部工作委员会、劳动竞赛委员会、安全生产委员会、职工生活福利委员会、规章制度和提案征集处理委员会、劳动争议调解委员会。

各专门工作委员会的人选，一般在职工代表中提名，也可聘请非职工代表。各专门工作委员会对职工代表大会负责，在公司工会的指导下开展工作。

专门工作委员会的主要工作有：事先讨论与本委员会有关的、准备提交职代会审议的议案，为职代会正式审议作好准备；收集、核实并督促有关部门研究、处理有关提案。在职代会闭会期间，受权审议同本委员会有关的重要问题，检查督促并协助有关部门贯彻执行职代会决议以及完成职代会交办的其他事项。职代会专门委员会机构人员要精干，尽量利用业余时间开展活动。

（五）职工代表大会与党委、工会

职代会接受党委的思想政治领导。职代会的召开及议题、议案和审议中遇到的重要问题应向党委汇报。召开代表团长和专门委员会联席会议时，请党委负责同志参加。

公司工会委员会是职工代表大会的工作机构，承担下列工作：

1. 组织选举职工代表；

2. 负责职工代表大会的筹备和组织工作；

3. 征集职工代表提案，督促检查提案的落实；

4. 主持职工代表团长、专门工作委员会联席会议；

5. 组织职工代表巡视质询，调查研究，向党政领导、职代会提出建议，督促检查大会决议、决定的执行，发动职工落实大会决议；

6. 向职工进行民主管理的宣传教育，组织代表培训学习，不断提高政策、业务和管理知识，提高职工代表素质；

7. 受理职工代表的申诉和建议，维护职工代表的合法权益；

8. 管理职代会和其它民主管理工作的档案资料；

9. 组织公司职工日常民主管理和民主监督活动；

10. 完成职代会交办的其他工作。

（六）基层民主管理

各单位、项目部、工程队（厂）、班组都要建立健全职工民主管理制度，实行企务公开，推动企业的健康发展。

凡职工在40人以上的单位建立职工代表大会制度，代表人数不得低于20人，40人以下的单位建立职工大会制度，依照《中铁十八局集团国际工程有限公司职工代表大会实施细则》结合本单位实际安排实施。

公司所属各单位职工代表大会或职工大会的届期与公司职工代表大会届期相同，项目指挥部职工代表大会或职工大会的届期可根据施工工期自行确定，最长不能超过公司职工代表大会的届期，每年至少召开一次会议。公司所属各单位工会是职代会的工作机构，负责日常民主管理工作。

队（厂）采取职工大会的形式，对本单位权限范围内事务行使民主管理权力。职工大会一般每季召开一次，队（厂）工会是职工大会的工作机构，负责日常民主管理工作。

班组的民主管理由职工直接参加，在工会小组长和职工代表的主持下开展活动。班组民主管理的基本形式是民主管理会，坚持每月召开一次。表扬好人好事，开展批评与自我批评。重点小结日常民主管理和班组目标任务执行情况，讨论实现各项任务指标的措施。

在《实施细则》的指导下，国际公司扎实开展职工代表大会工作。2015 年国际公司召开二届三次职工代表大会。会议对领导班子成员进行了民主评议，公司 9 名领导干部均为优秀；会议审议了行政工作报告、财务运行情况报告、招待费使用情况报告、《集体合同》执行情况报告及提案征集情况报告，通过并签订了 2015 年《集体合同》、工资集体协议和女职工权益保护专项《集体合同》。此次职工代表大会共收到代表提案 44 条，涉及企业管理、队伍建设、工资福利等广大职工关注的重点热点问题。公司领导对提案征集处理工作十分重视，亲自参加提案征集和处理委员会专门会议，要求各业务部门进行认真回复和处理。为了保证提案办理的质量，各部门负责人均亲自审定提案，认真研究，拿出具体的意见和措施。通过整理汇总，共归纳为 19 条，立案 13 条，6 条不予立案，对于 19 条提案，各业务部门都做了认真处理、解释和说明。处理落实率达 100%。提案绝大多数来自于施工生产一线，近年来，广大职工特别是一线职工，参政议事的意识和水平有了较大提高，职工群众关注企业可持续发展，与企业同舟共济、共谋发展的殷殷之情、拳拳之心融于提案之中。

2016 年，国际公司召开二届四次职工代表大会。会议共收到代表提案 43 条，经归纳整理 39 条，涉及企业管理、队伍建设、工资福利等广大职工关注的重点热点问题。职工代表大会期间和闭会期间，代表团长联席会议能够发挥应有作用，无不良事件发生。

二、企务公开

中铁十八局集团公司一直重视企务公开工作，把企务公开作为职工参与民主管理的一种重要形式。为进一步贯彻落实党的十五届四中全会精神，推动企务公开、民主管理工作深入开展，加强企业民主政治建设，落实党的全心全意依靠工人阶级的指导方针，促进企业的改革、发展和稳定，根据《公司法》《职代会条例》和集团公司职代会实施细则，近年来，集团公司发布《深入实行企务公开民主管理制度实施细则》，用以指导各分、子公司开展企务公开相关工作。

（一）工作机制和职责

要建立党委统一领导，党政共同负责，纪委、工会、企管部门齐抓共管，职工全员参与的工作体制和运行机制。

各级党委要充分发挥领导作用，统一组织协调企务公开工作。各单位要成立以党政主要领导为组长、纪委书记和工会主席任副组长的企务公开领导小组，成员由纪委监察、工会、人力资源、财务、企管、组织、宣传等部门负责人组成。企务公开工作机构由领导小组成员单位有关人员组成，办公室设在工会。项目部、工程队也要成立相应领导组织和工作机构。

各单位都要建立企务公开监督考核小组，正、副组长由纪委书记、工会主席担任，成员由纪检监察、审计、职工代表和工会干部组成。负责监督检查企务公开内容是否真实、全面，公开是否适时合法，程序是否符合规定，职工群众反映的问题是否得到妥善解决，对违法违纪问题进行调查核实，定期组织职工对企务公开、民主管理工作进行评议考核，做到奖惩严明，确保效果。监督考核小组的日常工作由纪委负责。

各级行政要积极主动地履行公开主体的职责，按照《企业法》《公司法》规定的职代会职权，负责公开生产经营管理和改革发展以及涉及职工切身利益方面的问题。有关业务部门要及时、准确地提供公开的内容和资料，保证公开的真实和时效。

纪委要负责公开党风廉政建设和领导干部廉洁自律方面的问题，并抓好领导干部廉政教育和企务公开的监督考核。

党委组织（人事）部门要根据职代会要求，协调、组织和实施对领导干部的民主评议工作，负责整理、汇总、公开评议结果和意见，组织落实整改工作。

工会要按时组织召开职代会和职工大会，并承担企务公开民主管理的日常工作，负责对职工代表的培训和职工代表巡视质询的组织工作。

各级组织、宣传部门和共青团要根据党委统一安排，发挥自身优势，搞好配合工作。

职工代表要履行职责，对企务公开的事项，要做到超前参与、定期参与、及时参与。

广大职工要按照民主管理程序，反映群众的呼声，监督企务公开工作。

（二）应遵循的原则

1. 维护和保证企业稳定的原则。凡是公开的内容要以党的方针政策和国家法规为依据，既要合法又要合理。保护和调动职工与经营者的积极性，增进内部团结，推进企业管理和决策科学化，促进企业发展。

2. 坚持以职代会为基本形式的原则。坚持以职代会为企务公开、民主管理的基本形式，并积极探索其它有效形式，按照《集团公司职代会实施细则》和有关规定及要求，依法搞好企务公开和民主管理工作。

3. 把握重点，稳步推进的原则。要结合企业各个发展阶段的实际，凡是涉及企业改革发展、职工切身利益和党风廉政建设的重大问题都要公开。立足实际，逐步规范。

（三）企务公开的程序

企务公开要充分发扬民主，广泛听取意见，通过法定的程序做出符合实际的决策。具体程序为：

（1）预审。凡是提交职代会审议、审查的议案，按照《职代会条例》规定，应事先交给职工代表预审。

（2）收集反映。及时通过党代会、职代会、工作会、职工座谈会或设置公开电话、意见箱等方式，收集职工群众对公开事项的意见和建议。

（3）意见处理反馈。对职工反映的问题，及时进行研究和分析，并采取措施解决，暂时不能解决的要及时做出解释并公开。

（四）各级企务公开的内容

1. 集团公司、子（分）公司公开的基本内容

（1）企业发展中、长远规划，年度经营计划和目标；

（2）企业改革、改制方案和重要规章制度；

（3）生产经营重大决策方案；

（4）资产经营责任制实施结果；

（5）财务预决算及工程项目承揽发包执行情况；

（6）重大基建、技改方案；

（7）物资采购和设备租赁使用情况；

（8）集体合同签订和履行情况；

（9）企业劳动用工、干部选拔任用情况；

（10）职工教育培训计划；

（11）单位建房、购房、售房、分房方案和结果；

（12）职工提薪晋级和奖金分配方案；

（13）专业技术职称评聘，评先评优情况；

（14）职工福利费、公益金使用及劳动保护措施；

（15）住房公积金，职工养老、医疗、互助补充保险基金交纳和使用情况；

（16）职工下岗、分流、安置方案及措施；

（17）企业业务招待费使用情况；

（18）民主评议领导干部结果；

（19）领导干部的收入、住房、购房、装修、用车、电话费支出情况；

（20）领导干部使用亲属包工队情况；

（21）其他需要公开的事项。

2．项目部公开的基本内容

（1）年度经营计划和目标；

（2）生产经营重大决策；

（3）重要规章制度；

（4）资产经营责任制实施结果；

（5）财务预决算及完成上交、积累情况；

（6）工程项目承揽、发包执行情况；

（7）在建工程投资及赶工奖分配方案；

（8）物资采购和设备租赁使用情况；

（9）集体合同签订和履行情况；

（10）使用包工队和选任干部情况；

（11）职工工资、奖金分配情况；

（12）评先评优情况；

（13）职工福利费、公益金使用及劳动保护措施；

（14）自建公助住房实施情况；

（15）住房公积金，职工养老、医疗、互助补充保险基金缴纳情况；

（16）资产经营支出和业务招待费使用情况；

（17）民主评议领导干部结果；

（18）公司领导干部的收入、用车、电话费、差旅费使用情况；

（19）公司领导使用亲属包工队情况；

（20）安全包保责任制落实情况。

3．队级公开的基本内容

（1）年度经营计划和目标；

（2）重要规章制度；

（3）生产经营责任制实施结果；

（4）财务预决算及积累情况；

（5）在建工程发包情况；

（6）赶工奖分配方案；

（7）物资采购和设备租赁使用情况；

（8）集体合同履行情况；

（9）使用包工队情况；

（10）职工工资、奖金分配情况；

（11）评先评优情况；

（12）业务招待费使用情况；

（13）民主评议领导干部结果；

（14）队级干部收入及个人公款消费情况；

（15）使用亲属包工队情况；

（16）职工食堂伙食费。

（五）企务公开的形式

1．职工代表大会

（1）企务公开的基本形式是职工代表大会。各单位都必须坚持和完善职工代表大会制度。凡法律和行政法规规定属于职工代表大会职权范围内的事项，都必须向职工代表大会报告，分别由职工代表大会审议、通过或决定。要坚持和完善职工代表大会民主评议领导干部制度，评议干部要做到五有（有述职、有评议、有结果、有整改措施、有反馈），对领导干部个人的评议结果要在职工代表大会上公布。

（2）职工代表大会闭会期间，需要临时解决和公开的重要问题，由职工代表团组长和职代会专门委员会负责人联席会议协商处理。

2．日常公开

集团公司、子（分）公司、项目部、工程队都要设立公开栏，作为日常公开的基本形式。要定期不定期地召开职工座谈会、情况发布会、党政工联席会、周例会，以及公开电话，职工代表联系卡，群众意见箱，情况通报，职工代表巡视质询，广播、电视等企务公开的辅助形式，及时把职工关心的热点、难点问题予以公开。项目部、队级单位日常公开除了公开栏、意见箱外，还要定期不定期召开职工民主议事会、座谈会等，把日常公开与职代会定期公开结合起来一道开展。

（六）企务公开的实施

1．各级企务公开工作，由主管领导会同职能部门根据公开的内容提出具体方案，经负责企务公开的有关组织审查后，确定公开的具体内容、时限、范围和形式，由有关领导和责任部门组织实施。公司机关按《企务公开领导、工作机构组成人员及职责》落实，基层由相应组织和部门、人员，按分工职责落实。

2. 负责企务公开的有关领导、组织和责任部门要采取多种形式，广泛听取职工群众的意见和建议，制定行之有效的整改措施，提出整改意见，并将整改情况及时向职工群众反馈。职代会有关组织和纪委、工会进行全过程监督检查。

（七）监督考核

1. 考核方法

各单位每半年进行一次自查，年底接受上级检查。检查验收采取听汇报、看台账和成果展示、抽查有关工作、召开职工座谈会、综合评价打分的方法进行。

评定分为优秀（90分以上）、良好（80至89分）、一般（60至79分）、不合格（60分以下）四个档次。

2. 考核标准

（1）党政领导对企务公开、民主管理工作高度重视，建立了行之有效的制度和措施，形成了强有力的领导机构和工作机制（20分）；

（2）推动了领导干部廉洁自律，绝大多数职工对企业领导干部表示满意，职代会民主评议领导干部班子成员优秀率在80%以上（20分）；

（3）干群关系融洽，职工对本企业领导干部无重大违纪问题的举报（10分）；

（4）有利于调动企业经营者积极性，保证他们按照《企业法》

《公司法》充分履行职责，正确行使经营管理权（10分）；

（5）企业改革成绩显著，内部劳动关系和谐稳定，企业经济效益、职工收入同步增长（30分）；

（6）尊重职工主人翁地位，职工民主权利、经济利益及其他合法权益得到保证（10分）。

（八）奖惩办法

1. 把企务公开、民主管理工作作为政绩纳入领导干部任期工作目标进行考核，凡获得企务公开、民主管理工作优秀单位的，作为单位和领导干部评先的先决条件。

2. 对考核不合格的单位，集团公司企务公开领导小组责令其限期整改，并通报批评，取消单位和领导的评先资格。

第四节　强化人力资源管理制度建设

为适应企业发展需要，进一步完善公司人力资源管理机制，规范办事程序，促进日常业务工作有序对接，结合发展实际，2016年12月，国际公司发布《人力资源管理暂行办法》。

一、总则

为进一步规范中铁十八局集团国际工程有限公司（以下简称国际公司）人力资源管理工作，根据国家有关劳动人事政策、法规和集团公司有关规定，结合国际公司实际，特制定本办法。

人力资源管理坚持以人为本、立足服务，科学规划、合理配置，择优录用、注重培养的原则，努力建设高素质的人才队伍，为满足企业生产经营需要和实现可持续发展提供保障。

人力资源部是国际公司人力资源开发和管理的职能部门，负责劳动、人事、薪酬、外事业务等管理工作的实施，具体办理员工的招聘、培训、考核、晋升、解聘、调配、退休、外事业务、劳务招录考核面试等手续。

二、日常管理

（一）员工基本行为准则

遵守国家法律法规和所在国的法律、风俗习惯；遵守企业各项规章制度；维护企业声誉，爱护集体财产；树立团队精神，讲求工作效率；敬业爱岗，勇于创新，尽心尽责完成本职工作任务；仪表端庄，厉行节约。

（二）考勤制度

为进一步加强员工日常管理，严肃劳动纪律，规范工作秩序，提高工作效率，建立日常考勤制度。

1. 公司全体员工必须自觉遵守工作时间，按时上下班，不迟到、不早退、不缺勤，不擅离岗位。

2. 公司员工因私外出时，必须履行请销假手续。

3. 上班时间中途需临时外出办理业务时，须向单位（部门）领导说明去处、事由、时限，并填写《办事审批报告单》，按时返回单位。上班时间不假外出，一经发现视为旷工1天。

（三）奖罚制度

加强思想教育，提高广大员工的责任感，培养优良作风，坚持正常的工作和生活秩序，严肃纪律，实行奖罚制度。具体按照集团公司《员工日常管理奖罚规定》施行。奖励种类包括荣誉奖励和物质奖励；处罚种类包括口头警告、书面警告、通报批评、经济处罚、停职待岗、降级使用、解除劳动合同。其中：

有下列情形之一的，给予通报批评，并视情扣发1~15天工资或 1 ~ 6 个月奖金。情节严重的，给予停职待岗或降级使用处罚。造成经济损失的，同时追究赔偿责任。

1. 连续旷工 3 天或月内累计旷工 5 天；

2. 蓄意模仿领导签字，未造成重大影响；

3. 遗失、损坏重要公文物品，或故意泄漏经营秘密；

4. 擅离职守，擅作主张，致使企业蒙受经济损失；

5. 违章指挥或违章作业，导致员工受伤或企业财产损失；

6. 对同事或领导恶意攻击、诬蔑、制造事端；

7. 利用职权对下属进行打击报复、包庇隐瞒违规行为；

8. 弄虚作假，投机取巧，牟取不正当利益；

9. 受到两次书面警告。

有下列情形之一的，解除劳动合同，造成经济损失的，同时追究赔偿责任。"重大损失"是指造成直接经济损失 5 万元及以上或间接经济损失 10 万元及以上。

1. 利用企业名义在外招摇撞骗，致使企业信誉遭受重大损失；

2. 泄漏企业商业秘密，给企业造成重大损失；

3. 模仿法人代表签字或盗用、私刻公章、法人印签；

4. 违反组织程序，虽经说服教育仍屡教不改，以书、信、电子媒介等方式，随意散发材料，损害企业形象和利益；

5. 盗窃、贪污、敲诈勒索、赌博、打架斗殴，尚未达到追究刑事责任；

6. 旷工或请假，从事本企业之外兼职；

7. 连续旷工时间超过 15 天，或者一年内累计旷工时间超过 30 天；

8. 故意损坏公物，给企业造成重大损失；

9. 拒不执行组织工作安排、人事调动决定；

10. 严重失职，营私舞弊，给企业造成重大损失；

11. 参加非法组织，不听劝阻；

12. 公检法部门给予拘留、劳教、判刑者；

13. 受到两次通报批评处罚；

14. 符合法律规定解除劳动合同情形的。

（四）驻外单位

1. 驻外单位要结合实际，坚持以人为本、预防为主、统一组织领导、分级负责、依法办事、处置果断的方针，规范和指导驻外员工的日常行为，强化安全意识和自我保护能力。并结合所在国家或地区的实际情况，定期对员工进行法律法规、项目所在国的风俗习惯、劳动纪律、安全生产、操作规程等经常性教育和应急培训，自觉养成良好的生活和工作习惯，切实做好员工日常管理工作。

2. 驻外单位要根据所在国家或地区的安全形势，建立完善安全保卫机构，加大安全保卫工作投入，在生活区和施工现场配备必要的安全保卫设施，必要时雇佣有防护能力的当地保安人员或聘请武装军警。定期对员工驻地进行安全检查，尤其要将安全保卫、生活用电、住房安全等列为检查的重要内容，发现问题立即解决。

3. 驻外单位要切实搞好员工生活区卫生防疫工作，制定好防暑降温措施，在当地就近联系好定点医院，配备必要的医务人员，购置必需的药物和药品，员工患病时要及时救治。对传染病频发的国家，员工回国休假，在离境时要发放一定数量的传染病救治药品，并告知其遇到可能患传染病症状时要进行针对性地治疗。同时，要求员工在到达国内 10 天时间内，必须到公司人力资源部报到，然后由综合部统一安排到指定医院进行身体健康体检。

三、保密管理与外事纪律

（一）保密管理

1. 开展对驻外员工保密知识、保密意识教育，增强驻外员工的敌情意识，掌握保密技能。

2. 加强对驻地的保卫措施。增加监控措施，配备碎纸机、保密柜，有条件的单位，要配备防窃听、防窃视探测工具，对重点保密部位定期进行检查。

3. 加强技术防范。在处理公司保密事务时，不得使用外方、合资方单位网络或办公设备处理公司保密事务。在处理涉及国家秘密信息，公司商业秘密信息传输必须采取保密防护措施。涉密笔记本电脑要安装保密管理软件，严控文件输入与输出。

4. 内外有别。员工在涉外活动中，凡涉及国家秘密和公司商业秘密的事情，未经批准，一律不得对外介绍和公开传播。

5. 涉密信息最小化控制。员工在涉外活动中，必须涉及的秘密事情，应严格限制在与涉外活动确定有关的范围内。

6. 全员保密。所有驻外单位员工都应严守国家秘密和公司的商业秘密，守法依规，严格执行各项保密制度，不得泄露所知悉的秘密。

（二）外事纪律

1. 严格遵守国家法令和外事纪律及外事授权规定，一切听从指挥。

2. 维护民族尊严，国家利益和公司信誉，不做任何有损国格和公司信誉的事情。

3．进行谈判、签订协议、合同等重要活动时，要有谈话记录，不得利用工作之便谋取私利，不得背着公司与外商私下交往。

4．在参加外事活动时，与外宾接触，言谈要有分寸，礼貌要合乎常规，不得冷落客人。

5．严守国家机密，严防窃照、窃听，泄漏国家机密。对外谈判不要涉及内部机密，与外商谈判时不要把机密文件放在桌上，出国时不得携带机密文件，包括本公司扩印的内部资料、内部报刊或记有内部情况的笔记本。

6．在国外工作期间，员工一般情况不得个人单独行动，如有特殊事情需要通过正常程序向单位主管请假，其他人一律没有批准个人外出的权力，未经单位许可不得擅自与国外任何机构联系。

7．严禁出入赌博场所，不准以任何借口自行或接受接待单位安排前往赌博场所，不得使用任何形式的资金参与赌博活动，不准参与网络赌博。

8．员工不得进入不健康的场所，不准购买黄色书刊和低级趣味的娱乐浏览项目。

四、休假管理

（一）国内员工休假

1．请休假类别、休假期限、费用报销范围。按照集团公司人资（2016）354号《关于印发〈中铁十八局集团有限公司员工休假管理办法〉的通知》的有关规定执行。详见附件1。

2．强调事项。女员工生产应符合国家计划生育政策。

（二）驻外员工请休假

参照《中铁十八局集团国际公司驻外员工休假管理规定》。

涉及到女职工的有关休产假、哺乳假、育儿假等请休假制度参照集团公司有关规定执行。详见附件2。

五、任免调配

员工调入、调出国际公司，经公司主管领导审批并按规定程序和要求经集团公司批准后，方可办理手续。各单位因工作需要调入管理人员和技术人员，必须报国际公司审查批准。

（一）批准调入的人员必须符合以下条件

（1）具有全日制大学专科以上学历和一定的项目管理工作经验（在国外从事过相关工作、外语水平较高者优先）；

（2）热爱海外工程事业，志愿到国外工作，并服从安排；

（3）经国际公司指定医院检查证明身体健康；

（4）集团公司规定的其他条件。

（二）试用期

调入人员从用工之日起签订劳动合同，原则上实行三个月的试用期。试用期满，由具体用人单位对其进行考核，合格者根据工作需要和本人表现可聘任相应职务。

（三）国际公司员工内部调配

根据国际公司统筹安排或根据各单位工作需要，经公司主管领导批准后，由公司人力资源部按规定程序进行办理。

内部调配有关要求：

1. 各单位要切实加强管理，认真做好员工思想工作，确保队伍稳定。在抓好项目管理的同时，务必加强对员工的管理，用人时要扬长避短，合理安排工作岗位，培养关键岗位人才。同时，要加强交流和疏导，凝聚人心，确保队伍稳定。

2. 员工因工作原因等不能在国外继续工作的，需说明理由，报国际公司批准，经国际公司批复同意后，将人员人事与工资关系转移至国际公司机关。在未经国际公司批准情况下，不得将员工退回国内。对于未经批准退回国内的员工，国际公司不负责另行安排工作，其工资待遇由原单位负责，如涉及到人事纠纷由原单位派人回国协调解决。

3. 对于因本人原因要求离岗回国的，各单位必须提前有书面报告，详细说明情况，加盖单位印章并由主管领导签字。上报报告后，须等待国际公司的批复通知下达后方可安排回国。对因个人原因回国，按国际公司管理规定处理，一年之内将不另行安排国外工作岗位。

（四）任免权限

1. 国际公司领导人选由集团公司负责提名，按照《公司法》及《公司章程》规定的程序任免；机关部门领导按照集团公司有关规定配备。

2. 国际公司部门及以上领导和各单位经理层领导的任免，国际公司考察后提出意见报集团公司研究决定，由集团公司下达任免通知。如因工作需要，可进行内部工作调配，调配后需报集团公司下发任免通知予以明确，未下发任免通知时，可根据国际公司下发的相关文件或通知执行其工资待遇。

3. 各单位副科级及以上人员不含经理层任免由国际公司考察研究后，经过国际公司党委会研究后直接下达任免通知。

4. 所有拟提拔人员均需填写《拟提拔人员考察情况呈报表》，任免权限在集团公司的干部职务，由个人提供相关材料，国际公司人力资源部统一填写并上报集团公司；任免权限在国际公司的干部职务，由各单位统一填写，并加盖单位公章，上报国际公司人力资源部。

对要求调出或辞职的员工，各单位在办理员工调出手续时，必须填写"工作交接单"与"工资关系转移介绍信"，并明确个人账目已清理完毕。

员工离岗休养、内部退养或返聘以及享受待遇标准按照集团公司机关有关规定执行。员工达到法定退休年龄时，即予办理退休手续。

六、助勤人员管理

集团公司内部单位员工到国际公司助勤，必须经过其原单位和集团公司批准后，方可办理其他手续。申请助勤时，必须由本人写报告向其原单位提出书面申请，由原单位党政主管领导签字，再由国际公司党政主管领导签字并经集团公司人力资源部审批下发正式通知。助勤员工在出国前必须到公司人力资源部报到，并提交个人信息和相关证件，同时将工资关系从其原单位转移到国际公司人力资源部。

（一）助勤人员休假

1. 助勤人员回国休假时，享受国际公司正式员工同等待遇。但必须由用人单位先报国际公司人力资源部备案。休假人员在回国后必须于10日内到人力资源部报到，并上交相关证件，以便及时为其办理出国手续。

2. 确认不需返回助勤单位继续工作的人员，必须由用人单位出具书面报告，并由主管领导签字、加盖单位印章，同时填写《助勤人员鉴定表》报至国际公司人力资源部。结束工作回国均需安排休假，其休假工资由用人单位负责支付（同时代为扣缴其社保基金）。在结清工资并将工资介绍信转回国际公司人力资源部后，由用人单位及时安排回国。

（二）助勤人员结束助勤

结束助勤的人员在回国前，用人单位必须对其强调回国后10日内到国际公司人力资源部报到，办理返回原单位的相关手续，之后及时到其原单位报到。对于由于个人原因造成的工资及社保断档等问题，一切后果由个人承担。

七、专业（技术）职务评聘

专业（技术）职务任职资格评审工作，在集团公司主管部门指导下进行，评审条件、范围、权限以及具体工作的开展按照集团公司规定执行。

公司组建工程系列初级评审委员会，负责技术员、助理工程师评审，向集团公司推荐工程师、高级工程师、教授级高级工程师评审。

公司成立专业（技术）职务任职资格考评领导小组，负责对各类专业技术人员考核、毕业生见习期满定职、任职期满助理级职务认定，向集团公司推荐政工系列（初、中、高级）和经济、会计系列高级任职资格评审。

取得专业（技术）职务任职资格后（中级及以上任职资格需集团公司下达批复），公司结合个人实际工作对其统一组织考核，合格者从会议研究通过之日起开始聘任并享受有关待遇。

员工有下列情形之一者，公司将对其专业（技术）职务实行缓聘、低聘或解聘：

（1）不服从组织，不听从安排者；

（2）严重违反组织纪律者；

（3）考核为不称职者；

（4）个人提出辞职和工作调动者；

（5）因病长期休假者。

八、毕业生接收安置管理

（一）毕业生接收

毕业生接收由集团公司统一负责审批，按照核定的计划接收安置。具体接收程序和条件等按照集团公司有关规定执行。

1. 各单位在每年收到国际公司下发的上报下一年度毕业生接收计划的通知后，要及时制定下一年度大学毕业生需求计划，报国际公司人力资源部统一汇总并呈送公司主管领导审核后，上报集团公司。

2. 全日制普通高校毕业且符合接收条件的员工子女，要申请回国际公司工作的，应于毕业的前一年收到通知时，填写规定的表格，由单位统一上报国际公司人力资源部，并通知学生持本人户口本、学生证到公司人力资源部面试审查并登记备案。

（二）见习期管理

1. 每年新接收的大学毕业生，原则上全部安排到各基层单位工作。

2. 专业对口的全日制普通高校毕业生，要安排到对口的管理（技术）岗位工作，本科以上签订合同期限为5年，专科为3年。

3. 毕业生见习期满后，填写《高等学校毕业生见习期考核鉴定表》并由各单位对其做出鉴定。考核合格者由公司人力资源部按期办理转正定岗手续；考核不合格者，延长见习期3个月，延长期后仍不合格者，解除劳动合同或限其一个月内调离公司。

九、招聘管理

招聘主要针对国际公司各单位项目工程现场急需、有一定工作经验（包括海外工作经验）的中国籍与外籍管理、技术人员以及高技能的人员。中国籍人员由国际公司人力资源部负责组织实施，机关的相关业务部门及用人单位配合。外籍人员由用人单位组织招聘。招聘要坚持公开、平等、竞争、全面、择优的原则，确保为用人单位引进最优秀的技术人员。

员工招聘实施由制定招聘计划、组织招聘、面试与录用等环节构成，人员录用后需进行体检和岗前培训。

员工试用期满后，与国际公司签订聘用合同，有关合同内容，由双方协商。薪酬待遇原则上参照同类员工的待遇进行协商确定，对于工作能力极为突出的，适当浮动。其他未尽事宜按照《中铁十八局集团国际工程有限公司招聘管理办法》执行。

十、培训管理

员工培训以国际公司人才战略需求为导向，以提高员工整体素质与企业竞争力为目的，注重现实性、针对性和实效性。具体按照国际公司《员工教育培训暂行规定》执行。

员工在国外参加所在国的执业资格考试取得证书的，并确实对所属单位在该国的经营承揽、工程施工、安全质量等方面工作有所帮助的，由所属单位确定是否发放执业资格补贴并报国际公司人力资源部审核后执行，标准为每人每月 4000 元，获得两项以上证书的，第二项后均减半。

十一、人事档案管理

根据干部人事档案管理和集团公司有关规定，制定干部人事档案管理职责，建立档案传递制度、保管保密制度和查（借）阅档案制度，并在管理工作中严格贯彻落实。

除集团公司负责任免的领导人员外，其他员工档案由国际公司人力资源部负责统一整理保管，大都公司员工档案由大都公司人力资源部负责整理保管。

经集团公司批准调入员工，由国际公司人力资源部开具人事档案商调函，通知调入人员办理人事档案的调入。接收的应届毕业生档案，统一由集团公司人力资源部转入。国际公司人力资源部收到人事档案后，对其中的资料进行检查核对，以确保人事档案的完整性和真实性。对于材料不完整的档案，须按规定通知有关人员补齐。

对员工进行考核、培训、奖惩等所形成的材料要及时上交国际公司（大都公司）人力资源部。员工也应及时将新取得的学历证明、成绩单等须存入人事档案的资料报送人力资源部。同时，人力资源部对员工人事档案材料按照规定要求及时进行整理、更新、补充，确保员工人事档案的准确性和时效性。

员工调离国际公司，人力资源部应根据接收单位开具的人事档案商调函及时办理人事档案的转出手续；员工与公司终止（解除）劳动合同后，人力资源部应在 15 日内（须由本人办齐有关手续后，包括缴纳违约金等）将档案转交其新的工作单位或其户口所在地劳动保障部门。

附件 1

关于印发《中铁十八局集团国际工程
有限公司员工休假管理办法》的通知

机关各部室、大都公司：

　　根据集团公司人资 [2016]354 号文件，关于印发《中铁十八局集团有限公司员工休假管理办法》的通知要求，结合国际公司实际，现将《中铁十八局集团国际工程有限公司员工休假管理办法》下发给你们，请遵照执行。

中铁十八局集团国际工程有限公司

2017 年 2 月 15 日

中铁十八局集团国际工程有限公司员工休假管理办法

第一章　总则

　　第一条　为建立规范和谐的企业工作秩序，加强员工请休假管理，保障员工的身心健康和企业生产经营活动的正常开展，根据国家法律法规，结合国际公司实际，制定本办法。

　　第二条　本办法适用于国际公司机关、大都公司正式在岗职工。

　　第三条　本办法所称休假主要包括：年休假、探亲假、婚假、丧假、产假及护理假、哺乳及育儿假、工伤假、病假、事假。

第四条 员工休假管理坚持依法依规、先批后休，构建和谐的原则。

第五条 各单位根据员工所在岗位的工作性质、生产特点和国家有关规定，可实行适当的工时制度、休息休假方式和考勤办法，确保员工休息休假权利的落实和工作任务的完成。

第二章 员工休假制度

第六条 员工除正常公休日及法定休假日外，还可享受以下假期：年休假、探亲假、婚假、丧假、产假及护理假、哺乳及育儿假、工伤假、病假、事假等。

（一）法定休假日

1. 全体员工放假的法定休假日：

（1）元旦，放假1天（1月1日）；

（2）春节，放假3天（农历正月初一、初二、初三）；

（3）清明节，放假1天（农历清明当日）；

（4）劳动节，放假1天（5月1日）；

（5）端午节，放假1天（农历端午当日）；

（6）中秋节，放假1天（农历中秋当日）；

（7）国庆节，放假3天（10月1日、2日、3日）

2. 部分员工放假的节日：

（1）妇女节（3月8日），妇女放假半天；

（2）青年节（5月4日），28周岁以下的青年放假半天。

（二）年休假

根据国家规定员工连续工作满1年的，可享受带薪年休假。

1. 年休假假期。员工累计工作满 1 年不满 10 年的休假 5 天，满 10 年不满 20 年的休假 10 天，满 20 年及以上休假 15 天。

2. 员工有下列情形之一的，不享受当年的年休假：

（1）员工请事假累计 20 天以上且单位按照规定未扣工资的；

（2）累计工作满 1 年不满 10 年，年内请病假累计 2 个月以上的；

（3）累计工作满 10 年不满 20 年，年内请病假累计 3 个月以上的；

（4）累计工作满 20 年以上，年内请病假累计 4 个月以上的。

3. 员工计划休年休假的，由单位根据生产、工作的具体情况，并考虑员工本人意愿，统筹安排。原则上年休假在 1 个年度内集中安排，也可分段安排，一般不跨年度安排。单位因工作需要不能安排员工休年休假的，经员工本人同意，可以不安排年休假。对员工应休未休的年休假天数，单位应当按照员工本人日工资（岗位工资、基础工资、工龄工资三项之和）收入的 300% 支付年休假工资报酬（含正常工作期间的工资收入）。

4. 员工有下列情形之一的，单位只支付其正常工作期间的工资收入，应休假期视同放弃：

（1）员工本人提出申请并获准休假但因个人原因未休的；

（2）员工本人提出申请，因工作原因单位已另行安排时间而未休的；

（3）员工本人未提出申请，单位已安排休假而未休的。

5. 员工按规定休带薪年休假期间享受与正常工作期间相同的工资收入。

6. 实行综合计算工时工作制的员工，年休假尽量安排在施工淡季、任务衔接期间，以保证正常的工作和施工生产。

（三）探亲假

员工在本企业工作满 1 年以上，与配偶、父母、子女两地分居，又不能在公休日团聚（是指不能利用公休假日在家居住一夜和休息半个白天）的，可享受探亲假。

1. 员工探望配偶，每年给假一次，假期 30 天。夫妻为同一单位员工的，可双方享受，每人假期 20 天。夫妻双方只有一方享受探亲待遇的，其不享受探亲待遇的配偶，到符合探望配偶条件的员工工作地探亲的，员工所在单位可按规定解决一次最多 3 人上述亲属的往返路费，员工本人当年不再享受探亲待遇。

2. 未婚员工探望父母的，每年给假一次，假期 20 天，也可根据实际情况 2 年给假一次，假期 45 天。

3. 已婚员工探望父母的，每 4 年给假一次（计算周期从员工本企业工作满 1 年后算起），4 年中任何一年休假均可，但不得存续，假期 20 天。

4. 员工有下列情形之一的，不享受当年的探亲假：

（1）当年息工待岗累计超过 30 天或冬休超过其应休探亲假天数的人员不享受当年探亲假；

（2）女员工到配偶工作地生育，在生育休假期间，超过规定产假后，与配偶团聚 30 天以上的，不再享受当年探亲待遇；

（3）员工的父母与员工的配偶同居一地，员工在探望配偶时，可同时探望其父母的，不再享受探望父母假待遇；

（4）员工（或家属）一方当年在对方居所居住累计超过 2 个月的，取消其当年的探亲待遇。

5. 探亲假原则上一次集中安排，因工作原因最多分两次休完，当期（年）未休够天数的，剩余天数作废。

6. 探亲假期间发基础工资、年功工资和岗位工资，不发与出勤有关的绩效工资和津补贴等项目，员工未休探亲假的，不能以加班工资等形式作为补偿。

7. 探亲假路途时间按实际需要另外增加。

（四）婚假

员工本人结婚而享受的假期。

1. 员工结婚（含再婚）给假 3 天。

2. 不在工作地结婚的，另加往返路途实际需要天数。

3. 婚假和探亲假可合并使用，但路途只给一次往返时间。

4. 婚假期间发基础工资、年功工资和岗位工资，不发与出勤有关的绩效工资和津补贴等项目。

（五）丧假

丧假指员工的亲属死亡，给予处理丧事的假期。

1. 员工的配偶、父母、子女、岳父母、公婆死亡，可给予丧假时间 1~3 天，到外地办理丧事的，可根据路途远近给予路程假。

2. 丧假期间发基础工资、年功工资和岗位工资，不发与出勤有关的绩效工资和津补贴等项目。

（六）产假、护理假

产假是指女员工在产期前后享受的假期，护理假是指在配偶生产时，男员工为护理产妇而享受的假期。

1. 女员工正常分娩享受产假 128 天，其中产前休假 15 天；难产的另加产假 15 天；多胞胎生育者，每多生育一个婴儿，增加产假 15 天。

2. 女员工怀孕流产的（含人工流产），根据医院证明，按怀孕时间给予产假：怀孕未满 12 周的，产假 15 天；满 12 周不满 16 周的，产假 30 天；满 16 周不满 28 周的，产假 42 天，28 周及以上的，按正常产假处理。

3. 妻子生育，给予丈夫护理假 15 天。

4. 产假、护理假期间发基础工资、年功工资和岗位工资，不发与出勤有关的绩效工资和津补贴等项目。

5. 员工产假期满，因病需要休息治疗的，按病假程序办理请假手续，期间按病假待遇规定办理。

（七）哺乳、育儿假

哺乳假指女员工产假期满后，婴儿未满一周岁期间，依法享受的哺乳时间；育儿假指产假期满后，女员工因照顾幼儿仍不能正常工作，经本人申请，单位批准可享受的假期。

1. 哺乳未满 1 周岁婴儿的女员工，用人单位应当在每天劳动时间内给予其两次哺乳（含人工喂养）时间，每次不少于 30 分钟。多胞胎生育的，每多哺乳 1 个婴儿，每次增加哺乳时间不少于 30 分钟。每天哺乳时间可以合并使用，哺乳时间和在本单位内因哺乳而往返于途中的时间，算作劳动时间。

2. 产假期满，女员工因无法在本单位内哺乳或工作地点较远无法享受哺乳假的，经本人书面申请（产假期满前一周提出），单位领导批准可享受育儿假至婴儿满 1 周岁。

3. 婴儿满 1 周岁后，经单位指定医疗机构确诊为体弱儿的，经本人书面申请，用人单位领导批准可适当延长该女员工的育儿假，延长时间不能超过 6 个月。

4. 女员工哺乳时间算作劳动时间，发正常工资；育儿假期间，只发基础工资和年功工资，低于当地政府规定最低生活保障标准的，按最低生活保障标准执行。

（八）工伤假

工伤假是指员工发生工伤事故后，治疗和休养所需要的时间。

1. 员工因工负伤必须提供县级以上医院的诊断证明，按医生签定的天数给予工伤假，工伤假一般不超过12个月，伤情严重或者情况特殊的，应在期满前3日内向本单位提出书面申请并提交工伤医疗机构出具的休假证明，经劳动能力鉴定委员会确认，可以适当延长，但延长不得超过12个月。

2. 员工因工负伤停止工作和治疗期间，原工资福利待遇不变。伤残等级评定后，停发原待遇，按《工伤保险条例》有关规定享受伤残待遇，低于原工资待遇的由企业予以补齐。

（九）病假

病假是指员工患病或非因工负伤，需要停止工作就医治疗的时间。

1. 根据员工参加工作时间和在本单位工作年限，给予3~24个月医疗期：

（1）实际工作年限10年以下的，在本单位工作年限5年以下的为3个月；5年以上的为6个月。

（2）实际工作年限10年以上的，在本单位工作年限5年以下的为6个月；5年以上10年以下的为9个月；10年以上15年以下的为12个月；15年以上20年以下的为18个月；20年以上的为24个月。

2. 医疗期3个月的按6个月内累计病休时间计算；6个月的按12个月内累计病休时间计算；9个月的按15个月内累计病

休时间计算；12个月的按18个月内累计病休时间计算；18个月的按24个月内累计病休时间计算；24个月的按30个月内累计病休时间计算。医疗期计算从病休第一天开始，累计计算。

3. 员工请病假，必须提供县级以上（或单位指定）医院的诊断证明，在相应病假医疗期内的原则上按医生签定的实际天数给予假期。

4. 员工因病或非因工负伤请病假，在国家规定的治疗期内，发基础工资、年功工资和部分岗位工资。请病假在六个月以内的，部分岗位工资按员工工龄分段计发，工龄21年以上发70%岗位工资；工龄11~20年发60%岗位工资；工龄6~10年发50%岗位工资；工龄5年以内发40%岗位工资。连续病假或一年内累计病假在六个月以上的，只发基础工资、年功工资和30%岗位工资，病假工资低于当地政府规定最低工资标准80%的，按最低工资标准的80%执行。

5. 请长病假的员工在医疗期内医疗终结或医疗期满后，能从事原工作的，可继续履行劳动合同；仍不能从事原工作也不能从事由单位另行安排工作的，由劳动鉴定委员会参照工伤与职业病致残程度鉴定标准进行劳动能力鉴定。被鉴定为一至四级的，应当退出劳动岗位，解除劳动关系，办理因病或非因工负伤退休退职手续，享受相应的退休退职待遇；被鉴定为五至十级的，在医疗期满后，单位可以解除劳动合同，并按规定支付经济补偿金和医疗补助费。

6. 请病假超过1个月或当年累计病假超过3个月，需由所在单位报公司人力资源部备案，对经组织抽查属弄虚作假的，进行严肃处理，根据医疗机构出具证明已病愈的，必须按要求恢复工作。

（十）事假

1. 员工因私事请假，一年内累计事假不超过 20 天，个别特殊情况可适当延长。

2. 员工请事假期间停发全部工资。

3. 员工请事假时如有未休年休假的，应首选年休假。

第七条　在项目部工作员工，实行项目部就地灵活安排休假与离开项目部集中休假相结合的休假方式。由项目部根据生产、工作计划和现场具体施工生产情况按天或小时灵活安排。在法定休假日，除必需的值班人员、赶工期人员及现场必须连续作业的生产人员外，其他人员都应安排休息。

第八条　项目部员工离开项目部休探亲假、年休假，要根据生产经营需要可一次安排也可分次安排（多次探亲的每年最多可报销两次往返路费），原则上尽量安排在施工淡季或任务衔接期间，对项目部当年工期不满半年的，原则上在工程完工后安排。

第九条　员工在休假往返途中，遇到意外交通事故等不可抗力，不能按期返回工作岗位的，应持有交通机关等证明，向所在单位领导说明情况后，其超假日期可算作路途假期。

第十条　员工休假期间因急病或正在住院不能回单位的，要及时向单位汇报，病愈回单位时，要按有关程序补齐病假手续。无故超假按旷工处理，旷工期间扣罚全部工资。

第十一条　探亲假、产假和护理假、哺乳假、育儿假、工伤假、病假的天数包括公休日和法定休假日；年休假、婚假、丧假、事假的天数不包括公休日和法定休假日。

第十二条　员工休探亲假、工伤假由所在单位按照差旅费管理办法进行途中补助,往返路费按乘坐火车票(火车硬席〈硬座、硬卧〉,高铁/动车二等座)标准核定报销;其他休假往返路费自理。

第三章　休假申请与审批

第十三条　员工休各类假必须由本人填写员工休假申请单(见附件),按规定和程序报批后休假,严禁先休后报和不假外出。休假未按规定报批和不假外出的,一律按旷工处理。

第十四条　员工休假前应合理安排休假期间的工作,并进行必要的工作交接,确保休假期间不影响正常工作的开展。

第十五条　员工申请休婚假的应同时附结婚证复印件,产假、护理假附准生证、预产期等复印件,哺乳、育儿假附出生证明,工伤假、病假附县级以上医疗单位的诊断证明书。

第十六条　员工请假未经批准同意而擅自离开岗位的,按旷工处理;员工请婚假、护理假、产假没有出具相关证明的按事假处理;员工续假按事假处理,无故超假按旷工处理。

第十七条　员工休假完毕,应及时向考勤管理部门销假,并提供相关证明。

第十八条　员工工作调动的,分别按在调出单位和调入单位的工作时间享受假期。员工在集团公司内部变动单位时,工资关系中应注明假期享受情况,若因调出单位漏填假期,员工重复休假的,调入单位一律按事假处理。

调出、调入员工可享受年休假天数按折算方法计算:(员工当年在本单位天数/365)×员工本人全年应享受年休假天数。

折算后不足 1 整天的部分不享受年休假。

第十九条　请假权限

（一）国际公司机关请假程序

1. 国际公司机关一般业务人员请假。请假 1 天以内的，由本部门负责人签字批准；2 天及以上的，由各部门负责人签批，人力资源部审核后，报公司分管领导批准；3 天及以上的由公司主管领导批准。

2. 业务部门副职领导请假。请假 1 天以内的，由本部门负责人签字批准；2 天及以上的，由各部门负责人签批，人力资源部审核后，报公司分管、主管领导批准。

3. 业务部门负责人及以上领导请假。由公司主管领导批准，行政部门报总经理批准，党群部门报党委书记批准。

（二）大都公司员工请假按照大都公司实际制定后执行。

第四章　附则

第二十条　员工请假时，要在申请报告中注明本人详细通讯地址、联系电话，变更时需书面通知单位相关负责人，若因工作需要，单位根据员工提供联系方式无法取得联系的，停发正常假期待遇，情节严重的按旷工处理。

第二十一条　本办法未尽事宜或与国家、地方法律法规相冲突时，按国家、地方法律法规执行。

第二十二条　本办法自下发之日起执行，国际公司人资〔2012〕65 号《关于下发国际公司机关员工请（休）假及考勤制度的通知》同时废止。

第二十三条　本办法由国际公司人力资源部负责解释。

附件2

关于印发《中铁十八局集团国际工程
有限公司驻外员工休假管理规定》的通知

海外各单位：

《中铁十八局集团国际工程有限公司驻外员工休假管理规定》经 2017 年 2 月 8 日职工代表大会讨论通过，现予下发，请遵照执行。

中铁十八局集团国际工程有限公司

2017 年 2 月 14 日

中铁十八局集团国际工程有限公司
驻外员工休假管理规定

为建立规范和谐的企业工作秩序，加强驻外员工请休假管理，维护员工合理休假权益，保障员工的身心健康和企业生产经营活动的正常开展，根据国家法律法规以及集团公司人资（2016）354 号文件的相关规定，结合国际公司驻外单位工作实际，经公司研究，对《中铁十八局集团国际工程有限公司驻外员工休假管理暂行规定》进行修订，现将驻外单位员工请休假有关事宜明确如下：

第一条 驻外单位员工每年轮流回国休假 90 天（含往返路程），原则上一年分两次休假，在国外连续工作满 4 个半月可休假一次，每次不超过 45 天。

第二条 驻外各单位原则上按期分批安排员工回国休假，但员工在请休假时，应提前 30 天提交请休假书面申请。

第三条 驻外各单位必须做到统筹考虑，超前计划、合理安排，分批分次安排好员工的请休假。

第四条 驻外员工如提出请休假书面申请时，确因单位工作需要不能休假的：

1. 允许配偶及其子女前往探亲，单位给予报销配偶及其子女往返的国际机票及签证费用。员工休假期间的工资除国外工资外，再补发应休假期天数的国内工资。

2. 如驻外员工配偶及子女也无法前往探亲，员工在休假期间工作的工资除按照国外工资标准计发外，再补发休假期间国内工资和本人往返的国际机票费。

第五条 驻外员工回国正常休假期间，工资待遇按照国内标准计发。休假费用报销范围：发生的必要的国际直线飞机票费用。每人每年补发 2000 元人民币作为国内车船交通票、住宿等费用，不再报销国内发生的任何车船交通费和住宿费。

第六条 对于驻外员工主动放弃休假而工作的，除计发正常工资待遇外，不再享受与休假探亲有关的任何待遇。

第七条 驻外员工回国休病假，必须有医院出具的诊断证明，各单位要有书面批准的报告报公司人力资源部备案。员工因病请假治疗期间发基础工资、年功工资和部分岗位工资。请病假在 6 个月以内的，部分国内岗位工资按员工工龄分段计发，工龄 21

年以上发 70% 岗位工资；工龄 11 ～ 20 年发 60% 岗位工资；工龄 6 ～ 10 年发 50% 岗位工资；工龄 5 年以内发 40% 岗位工资。连续病假或一年内累计病假在六个月以上的，只发基础工资、年功工资和 30% 岗位工资，病假工资低于当地政府规定最低工资标准 80% 的，按最低工资标准的 80% 执行。

第八条 驻外员工请事假回国，根据天数扣减全部工资和各种津补贴，其他一切费用自理。

第九条 驻外女员工休产假应符合国家计划生育政策。产假、哺乳假、育儿假有关规定和待遇，参照集团公司人资（2016）354 号《中铁十八局集团有限公司员工休假管理办法》执行。驻外女员工休产假，除集团公司规定的天数外，如女员工当年未休完正常假期，可在休产假时补足当年剩余假期天数。

第十条 所有驻外员工回国休假时，必须报公司人力资源部备案（信息包括：姓名、职务、休假起止时间、个人国内手机号、家庭电话、详细住址等）。海外各单位主管领导回国，必须请示公司总经理和书记批准，其他员工回国由各单位主管领导批准。

第十一条 本规定适用于国际公司驻外单位工作的正式员工（含助勤人员），由公司人力资源部负责解释，自下发之日起执行。未尽事宜按照国家、集团公司有关规定执行。

第四章 国际公司和谐劳动关系建设调查研究

在国家"一带一路"发展战略实施的大背景下，十八局国际公司积极拓展海外业务，在十年内，经过集团上下的积极努力，企业得到快速发展。

2016 年，本着做大做强的战略目标，集团需要进一步深化改革，在业务快速发展的基础上，加强内部管理，提高企业核心竞争力。为及时了解员工对集团战略调整、组织机构变革的认识与理解，关注特殊时期员工的内心感受，达到促进管理、提升和谐劳动关系水平，更广泛地满足员工需求，焕发干事创业的主动性与积极性，海外公司于 2016 年 4 月份组织全集团员工进行了以和谐劳动关系构建为主题的员工广泛调研。

本次调研采用问卷和座谈的方式。问卷人员系在全集团范围内随机抽取，覆盖各专业公司、各项目部成员及总部各级各类工作人员，抽样比例为 45%。与此同时，与各单位各部门部分员工座谈，面对面了解员工的心声。

本报告考虑到以下情况：第一，员工座谈内容多带有个人的观点和角度，即使是多数人的观点也难免偏颇；第二，调研小组无法也不可能对大部分观点进行实证性调查和确认，第三，问卷调查因其命题的客观性而具有相对客观性，因此本报告以问卷的数据分析为主，陈述员工思想动态的整体趋势和可能存在的苗头，并增加部分员工的意见和建议。特此说明。

调研工作得到了集团领导和各单位、各部门的大力支持与配合，深表感谢。

第一节　调研对象基本情况

在"和谐劳动关系构建"的调研主题下，本次调研主要包括问卷调查与访谈两种基本形式。所涉及调研内容包括三个方面，一是和谐劳动关系构建中工会作用发挥现状及建议；二是人力资源管理存在的问题及建议；三是针对现行公司管理的综合评价及建议。调研问卷及访谈提纲见附件1。

一、问卷调研对象基本情况

（一）被调查对象选取

按照随机取样的原则在全公司范围内按一定比例抽取，同时兼顾一线技术人员、一线专业人员和总部机关人员。本次调查共发放问卷252份，回收252份，问卷回收率为100%。

问卷调查中，按人员类别分组，一线技术人员81人，为32.14%，一线管理人员102人，为40.48%，总部机关人员69人，为27.38%。

表 4.1　问卷被调查对象类型分布

选项	数据量	百分比
一线技术人员	81	32.14%
一线管理人员	102	40.48%
总部机关人员	69	27.38%

（二）被调查对象基本情况

1. 工龄构成

被调查对象中，5 ~ 10 年工龄的占比达到 65%，和该公司以年轻职工为主体的员工构成一致，具有典型代表性。

表 4.2　问卷调查工龄分布

选项	数据量	百分比
5 年以下	87	34.52%
5-10 年	76	30.16%
10-20 年	74	29.37%
20-30 年	8	3.17%
30 年以上	7	2.78%
回答	252	100.00%

2. 学历构成

调研对象学历基本呈现集中分布，本科生占比 74.6%，反映员工主体总体文化程度较高，其所呈现出的调研结果具有典型性和代表性。

表4.3　问卷调查学历类型分布

选项	数据量	百分比
高中、技校以下	9	3.57%
大专	50	19.84%
本科	188	74.60%
硕士及以上	5	1.98%
回答	252	100.00%

二、座谈人员基本情况

为了补充问卷调研的不足，在问卷调查的基础上组织了员工座谈。

（一）座谈主题

管理干部类：对公司整体的评价和感觉；对集团组织机构调整的看法；本公司或本部门的组织架构与职能实现情况；集团组织机构调整的影响；本人的工作情况、工作效率、工作业绩和效果是否受到影响；对工作环境、管理环境、薪酬待遇、企业发展战略和企业文化的看法。

普通专业技术人员类：对公司整体的感觉和评价；对工作环境包括硬件环境和软管理环境的看法；对薪酬福利、晋升的看法；对公司时事的评价；对企业文化的感觉以及个人对未来的打算；专业技术人员对公司目前技术管理状况的评价；大学生群体的思想动态、去年大学生调查问题解决的进展情况；普通员工对培训的看法等。

（二）样本量选取

座谈范围为海外项目部成员以及总部各部门合计126名员

工。其中国内人员占48.02%，国外人员占51.98%。

表4.4 被调查对象国别构成

选项	数据量	百分比
国内	121	48.02%
国外	131	51.98%
回答	252	100.00%

座谈人员职务职级的分布为专业技术人员占比78.57%，中高层领导职务人员占比21.43%。

表4.5 被调查对象职位构成

选项	数据量	百分比
专业技术人员	198	78.57%
中高层领导职务人员	54	21.43%
回答	252	100.00%

第二节 问卷调查结果分析

根据问卷调查结果，我们将员工反映的问题现状进行总结，按照员工关系管理及工会工作、人力资源管理现状及建议、综合集团管控现状及建议三部分进行归纳和总结。

一、满意度调查

综合252份有效问卷，被调查对象对于公司在以上三个方面的管理现状的满意度不尽理想，比较满意及满意只占到38%左右，

50% 左右的员工选择了一般选项。

表 4.6 被调查对象对公司的总体感觉

选项	数据量	百分比
满意	25	9.92%
比较满意	71	28.17%
一般	126	50.00%
不太满意	18	7.14%
不满意	12	4.76%
回答	252	100.00%

其中对比不同时期进入公司员工的心态，他们呈现出不同的状态：按照年龄划分，年龄越大对公司的满意度越高。被调查对象中 45 ~ 50 岁的满意度普遍分布于一般和比较满意，50 岁以上满意度则呈现近86%居于比较满意和满意。但随着年龄的下降，满意度呈现下滑趋势。其中比较明显的是 31~35 岁年龄组，其满意度分布呈现偏态分布，不满意开始出现，而满意选项是整个调查群体中最低的。

表 4.7　被调查对象（31～35 岁）对公司的总体感觉

选项	数据量	百分比
满意	5	6.33%
比较满意	19	24.05%
一般	44	55.70%
不太满意	6	7.59%
不满意	5	6.33%
回答	79	100.00%

表 4.8　被调查对象（45～50 岁）对公司的总体感觉

选项	数据量	百分比
满意	0	0.00%
比较满意	2	28.57%
一般	5	71.43%
不太满意	0	0.00%
不满意	0	0.00%
回答	7	100.00%

表 4.9　被调查对象（50 岁以上）对公司的总体感觉

选项	数据量	百分比
满意	2	28.57%
比较满意	4	57.14%
一般	1	14.29%
不太满意	0	0.00%
不满意	0	0.00%
回答	7	100.00%

尽管员工整体对企业的满意度呈现一半以上的满意度评价，但占到总调查人数 65% 的中青年的不满意率上升是不容忽视的管理问题，须引起公司的关注。这一群体具备一定的工作经验和较高的学历背景，相当部分人员对企业的期待趋于理想化，他们对企业充满希望但又理解不深，他们希望有一个发挥才能的舞台，他们呼唤团队意识、协作意识、理解和支持，而一旦受挫他们会立即考虑如何全身而退。集团需要对他们作进一步的引导或疏导，稳定他们的思想。

满意度呈现数据说明，国际公司在海外业务快速发展的进程中，公司总体管理水平和业务发展速度不匹配，亟需进行全方位、精细化的管理提升。尤其是关注年轻专业骨干和管理骨干的满意度变化，需要从多个维度进行管理分析，来保证公司的人员基础稳定，因为海外施工企业的工作主体是以年轻群体为主，队伍的稳定性至关重要。

二、人力资源管理方面

随着集团组织机构的调整和过渡，人力资源管理问题变得众人瞩目。一方面公司人力资源管理有待加强和改善，另一方面企业变革与企业惯性的冲突也加剧了矛盾。

（一）人才公平使用与激励

问卷显示，大多数员工普遍认为企业在员工自身价值实现和职业发展方面体现一般，没有专门的设计或工作成效一般。23% 的员工认为没有提高自己能力的机会，27% 的员工认为没有成就感，30% 的员工认为没有发展平台和晋升空间。

表 4.10　被调查对象认为目前企业人才公平

使用与激励存在的主要问题

选项	数据量	百分比
没有提高自己能力的机会	58	23.02%
工作环境较差	39	15.48%
人际关系不太和谐	13	5.16%
工作没有的成就感	68	26.98%
没有发展平台与晋升空间	74	29.37%
回答	252	100.00%

表 4.11　被调查对象认为个人在企业里展示的机会

选项	数据量	百分比
非常多	25	9.92%
一般	195	77.38%
几乎没有	25	9.92%
没有	7	2.78%
回答	252	100.00%

员工更希望竞争公平和有晋升机会。问卷调查显示，近 70% 的员工认为公司在营造公平的竞争环境方面做得一般；17.86% 的员工（特别是专业人员）苦于缺少提升的机会。

表 4.12 被调查对象认为企业给员工职位晋升的机会

选项	数据量	百分比
很多	18	7.14%
一般	171	67.86%
几乎没有	45	17.86%
没有	18	7.14%
回答	252	100.00%

近 80% 的员工在公司公平评价方面给予了不公正的评价，76% 的员工认为在员工职位晋升和选拔中公正性存在问题。

表 4.13 被调查对象认为企业对员工的评价是否到位

选项	数据量	百分比
很公正	49	19.44%
不公正	88	34.92%
不清楚	115	45.63%
回答	252	100.00%

表 4.14 被调查对象认为企业在员工职位晋升过程中
的选拔是否公正

选项	数据量	百分比
公正	62	24.60%
不公正	94	37.30%
不清楚	96	38.10%
回答	252	100.00%

在不公正选拔的原因选择上，集中体现为三个方面，即职位升迁考核制度规范性不足、领导者选人用人"任人唯亲"现象严重以及企业缺乏科学的人员配置方法和制度，导致50%左右的员工认为目前的工作不是自己的理想工作，工作挑战性不足，成就感缺乏（60%认为）。

表 4.15 什么原因导致员工职位升迁不公正现象的发生

选项	数据量	百分比
缺乏科学的职位升迁考核制度	134	53.17%
企业以及上层管理者"任人唯亲"现象的存在	116	46.03%
上级领导在晋升考核中存在性别歧视	12	4.76%
企业人员岗位配置不合理，未能很好发挥员工能力	115	45.63%
其他	36	14.29%
回答	252	100.00%

表 4.16 被调查对象认为目前工作是否适合

选项	数据量	百分比
很合适，并且有信心、有能力做好	81	32.14%
是我喜欢的工作，但自己的能力有所欠缺	32	12.70%
不是我理想的工作，但我能够做好	128	50.79%
不太适合，希望换一个岗位	11	4.37%
回答	252	100.00%

表 4.17 被调查对象认为目前工作的挑战性

选项	数据量	百分比
很有挑战性	18	7.14%
较有挑战性	81	32.14%
一般	147	58.33%
较无挑战性。你希望哪方面有所改进：	4	1.59%
无挑战性。你希望哪方面有所改进：	2	0.79%
回答	252	100.00%

（二）考核与业绩评价

透明的考核在某种程度上能够激励和激发员工，而本次测评显示出公司在绩效考核方面缺少足够的透明度，在公平公正和规范性方面存在管理缺陷。

调查显示，将近八成的员工对业绩评价的结果不满意或不平衡。40.48% 的员工认为考核流于形式、考核制度的不合理、赏罚的不公平导致了员工关系的不和谐。

表 4.18 被调查对象认为目前企业考核与业绩评价状况

选项	数据量	百分比
很公正	49	19.44%
不公正	88	34.92%
不清楚	115	45.63%
回答	252	100.00%

表 4.19 被调查对象认为目前企业考核与业绩评价存在的主要问题

选项	数据量	百分比
人员素质差	63	25.00%
人际关系复杂	123	48.81%
职权不清	87	34.52%
分配平均	53	21.03%
考核流于形式	102	40.48%
沟通不畅	74	29.37%
权力过分集中	66	26.19%
制度不健全	93	36.90%
发展目标不明	84	33.33%
其他	20	7.94%
回答	252	100.00%

表 4.20 被调查对象认为导致企业劳动关系不和谐的因素

选项	数据量	百分比
工作条件差	61	24.21%
干部员工之间的工资差距大,心理不平衡	77	30.56%
工作考核制度不合理	93	36.90%
企业赏罚升迁不公平,打击员工进取心	123	48.81%
企业用人唯亲,个人能力展示机会少	87	34.52%
企业劳工组织没有维护员工的合法利益	101	40.08%
企业内部利益分化,影响了员工的团结	95	37.70%
其他	19	7.54%
回答	252	100.00%

更深层次地挖掘，考核问题的显现，与人力资源管理、成果导向、企业文化引导等方面均有关，须系统考虑和整治。

（三）薪酬激励

从问卷分析来看，薪酬是员工反响最大的一项内容，相对于工作量和工作压力而言，员工对付出与回报的平衡与公正的意见最为突出。

调查结果显示，三大类员工对薪酬的满意度不尽理想。问卷显示，67%的员工认为企业最不令人满意的地方在于收入（44.84%）和福利（22.22%）要素。

表 4.21　被调查对象认为目前薪酬激励最不满意的地方

选项	数据量	百分比
无	26	10.32%
收入	113	44.84%
同事关系	3	1.19%
和上级的关系	5	1.98%
不能发挥才能	22	8.73%
福利	56	22.22%
工作无兴趣	16	6.35%
其他	11	4.37%
回答	252	100.00%

表 4.22 被调查对象对目前工资水平是否满意

选项	数据量	百分比
非常满意	5	1.98%
满意	74	29.37%
不满意	140	55.56%
很不满意	33	13.10%
回答	252	100.00%

上表显示，55.56% 的职工在工资水平上选择了不满意，满意率仅仅 30% 左右。

表 4.23 被调查对象对目前企业人员管理存在的最主要问题

选项	数据量	百分比
薪酬	122	48.41%
工作环境	18	7.14%
培训	16	6.35%
组织管理	73	28.97%
晋升机制	23	9.13%
回答	252	100.00%

上表显示，48.41% 的调研对象普遍认为当前公司人员管理方面存在的最大问题是薪酬福利方面，也是影响员工安心工作的核心要素。

表 4.24　被调查对象对目前企业人员跳槽的主要原因的看法

选项	数据量	百分比
公司没前途，谋求个人发展	68	26.98%
工资太低	90	35.71%
个人能力没有充分发挥	33	13.10%
人际关系不好	3	1.19%
福利不好	24	9.52%
其它原因	34	13.49%
回答	252	100.00%

表 4.25　被调查对象对企业对员工出色表现应实施的奖励

选项	数据量	百分比
加薪	83	32.94%
奖金	115	45.63%
表彰	15	5.95%
升职	27	10.71%
培训	12	4.76%
其它	0	0.00%
回答	252	100.00%

表 4.26 被调查对象对企业工资差距的评价

选项	数据量	百分比
合理	66	26.19%
不合理	143	56.75%
不清楚	43	17.06%
回答	252	100.00%

上表显示，反响比较集中的方面，除了普遍集中于薪酬总体水平偏低要素外，员工对于公司内部薪酬结构中薪酬差距表达了不满意。数据显示，56.75% 的被调查对象认为员工之间工资差距不合理。

表 4.27 被调查对象对企业提供福利的评价

选项	数据量	百分比
有	148	58.73%
没有	85	33.73%
不清楚	19	7.54%
回答	252	100.00%

综上，薪酬本身的敏感性以及薪酬制度难以满足人员复杂要求导致众人纷纷"抨击"，对此，需进行冷静分析。

第一，员工的态度基本符合公司目前在同行业中的市场工资水平位置，说明公司需要参照同行业的薪酬布局，进行广泛的薪酬调研，本着让关键员工满意的目的，科学地弥补在水平上的较大缺陷。

第二，这里存在一个公司内部分配导向问题，巨大的工资差距，尤其是高级管理层与中层及基层员工之间巨大的薪酬差距，将导致员工心态失衡。因此建议，集团在引导员工对薪酬的态度和意识方面需要谨慎：一方面慎重对待薪酬问题，另一方面适当平衡专业队伍与管理队伍在薪酬分配方面的结构性差异，努力达到整体平衡。

（四）员工培训与培养

表4.28 被调查对象认为提升员工素质应采取的措施

选项	数据量	百分比
集中培训	100	39.68%
学历教育	29	11.51%
后备干部计划	50	19.84%
轮岗交流	66	26.19%
其他	7	2.78%
回答	252	100.00%

上表显示，员工对加大自身素质方面给予了充分的关注，对措施方法的态度呈现相对均衡分布，尤其是对集中培训和轮岗交流方面关注度明显。

表 4.29　被调查对象针对企业培养夏季人员的评价

选项	数据量	百分比
很注重	61	24.21%
基本注重	136	53.97%
不注重	55	21.83%
回答	252	100.00%

问卷调查显示，直接上级对下属的培养工作得到下级的基本认可，78% 左右的员工给予了注重和基本注重的选择。

表 4.30　被调查对象对企业轮岗可行性的评价

选项	数据量	百分比
可行	126	50.00%
不好说	88	34.92%
不可行	38	15.08%
回答	252	100.00%

问卷调查显示，大多数员工对于进行组织内部轮岗持赞成态度，通过轮岗实现工作状态的调整和能力全面性提升。

员工培训是涉及队伍建设和企业核心竞争力的关键问题，企业需要在现有基础上，充分发挥各级管理者对员工培养的重视，开展更加规范和有效的培训方式，加强培训和培养的效果。

三、工会管理工作

劳动关系和谐情况是本次调研的重点关注内容，主要从工会职能的履行、员工对和谐劳动关系的诉求两大维度进行情况收集。

（一）工会的职能

表 4.31　被调查对象对工会职能的看法

选项	数据量	百分比
代表和维护工人利益的组织	60	23.8%
代表和维护企业利益的组织	24	9.52%
企业的一个管理机构（职能部门）	74	29.37%
党组织下属的一个部门	55	21.83%
一个做职工福利工作的组织	23	9.13%
其他	16	6.35%
回答	252	100.00%

问卷调查显示，多数员工对于工会的职能缺乏正确和清晰的认识，只有 23.8% 的员工认为工会代表和维护职工个人利益，大多数员工将工会定义为一般意义上的公司部门和党务部门。

表 4.32　被调查对象对企业支持工会活动的看法

选项	数据量	百分比
支持	117	46.43%
不支持	25	9.92%
不了解	110	43.65%
回答	252	100.00%

问卷调查显示，在工会职能履行是否能得到企业资金、设施、人员等的充分支持方面，员工呈现两极分化，支持与不了解的选项都呈现45%左右的比例。数据再次说明员工对工会职能的履行存在不清晰、不了解的情况。

基于以上调查数据的统计，公司工会部门应该在职能宣传方面做好充分说明，让广大职工充分认识到工会维护职工权益的基本出发点，有困难找工会不能成为一种口号，而要让这样的意识成为一种共识。

（二）工会的作用

表4.33　被调查对象对工会对待职工诉求的评价

选项	数据量	百分比
能真心实意、切实帮助职工解决困难	49	19.44%
平等相待，热心开导	62	24.60%
态度一般，有心无力	115	45.63%
漠不关心，置之不理	26	10.32%
回答	252	100.00%

问卷调查显示，在反映员工诉求方面，55%的被调查对象认为工会在面对员工诉求表达上，主动性不足、态度一般，不能正常代表员工权益。

表 4.34 被调查对象对工会总体状况和作用发挥的评价

	很不满意	不满意	一般	满意	很满意	合计
总体状况	18	42	138	46	8	252
发挥作用	25	41	135	42	9	252

问卷调查显示，在化解劳资矛盾反映员工诉求方面，70% 的被调查对象认为工会没有发挥作用或作用不明显。

表 4.35 被调查对象对企业支持工会活动的看法

选项	数据量	百分比
经常	30	11.90%
比较少	151	59.92%
不了解	71	28.17%
回答	252	100.00%

问卷调查显示，88% 的员工认为工会在了解员工诉求方面讨论问题少，存在掌握基层一线情况不扎实的基本现状。

表 4.36 被调查对象参加工会活动情况

选项	数据量	百分比
经常参加活动	42	16.67%
偶尔参加活动	161	63.89%
不参加活动	49	19.44%
回答	252	100.00%

问卷调查显示，83% 的员工表示工会组织的活动偶尔或从不参加。

综合 4 个调查项目的结果显示，职工对于工会作用的发挥呈现不满意态度，需要工会从工作态度、工作方法以及工作重点入手，创新性开展工作，真正履行工会职能。

（三）对工会工作重点的要求与期待

在调查的项目中，广大被调查对象对工会工作寄予厚望。重点反映在以下几个方面。

1. 工会应该在服务职工、维权和协调维稳方面加强自身能力建设。

表 4.37　被调查对象对加强工会能力的看法

选项	数据量	百分比
维权能力建设	145	57.54%
服务能力建设	172	68.25%
协调、维稳能力建设	103	40.87%
适应能力建设	65	25.79%
回答	252	100.00%

2. 工会需要加强的工作领域涉及职能定位、工作方式、干部素质以及执法监督等多个方面。

表4.38　被调查对象对工会强化内容的看法

选项	数据量	百分比
企业赋予工会更多的资源和手段	96	38.10%
找准工会工作的突破口和切入口，扩大在企业中的影响力	87	34.52%
以人为本，为职工办好事实事，赢得职工群众信赖	205	81.35%
探索和创新工会工作机制、内容、手段和方法	90	35.71%
提高和充实工会工作者队伍，提高工会干部队伍素质	89	35.32%
在企业中，加强对《劳动法》《工会法》等法律的执法监督检查，为工会工作开展创造良好的法治环境	121	48.02%
回答	252	100.00%

（四）企业劳动环境与和谐工作氛围创建

1. 劳动环境的总体满意度状况

表4.39　被调查对象对企业劳动环境的评价

选项	数据量	百分比
非常满意	7	2.78%
满意	140	55.56%
不满意	90	35.71%
很不满意	15	5.95%
回答	252	100.00%

问卷统计显示，近6成的员工对公司提供的劳动环境表示了

满意，另有 3 成的员工认为不满意。

表 4.40　被调查对象（31～35 岁以上）对劳动环境的评价

选项	数据量	百分比
非常满意	0	0.00%
满意	41	51.90%
不满意	31	39.24%
很不满意	7	8.86%
回答	79	100.00%

表 4.41　被调查对象（50 岁以上）对劳动环境的评价

选项	数据量	百分比
非常满意	1	14.29%
满意	6	85.71%
不满意	0	0.00%
很不满意	0	0.00%
回答	7	100.00%

以上调查显示，满意度最高的是 50 岁以上年龄组，满意及以上数据达到 100%，而不满意度最高的是 31~35 岁年龄组，不满意率达到 40%。整体呈现满意率随着年龄下降的趋势。

这表明，公司的环境设计更加适合年龄偏大群体，而对于中青年群体缺少针对性环境要素设计；现在随着时代发展，环境要素的时代性需要重点考虑。

2. 沟通渠道和氛围

调查数据显示，60%以上的员工认为企业偶尔关心员工的生活感受，对企业整体和谐工作氛围表达了失望情绪。这种情况的出现一方面与企业内普遍还没有形成沟通的大环境有关，同时也与领导层个体的管理方式、管理手段有关。这种差距可能会影响公司内良好的文化氛围和上下一致的、统一的管理思想的形成。因此，在沟通渠道和氛围的建设中，管理干部是关键。

数据显示，企业关心员工的生活感受不够，主动经常性沟通交流不足，沟通渠道缺乏。

表 4.42　被调查对象对企业关心员工生活的评价

选项	数据量	百分比
十分关心	36	14.29%
偶尔关心	153	60.71%
不关心	63	25.00%
回答	252	100.00%

表 4.43　被调查对象对企业与员工信息交流的评价

选项	数据量	百分比
及时并经常交流	28	11.11%
及时但并不经常交流	40	15.87%
偶尔交流	129	51.19%
不交流	55	21.83%
回答	252	100.00%

表 4.44　被调查对象对工会支持下的申诉渠道的评价

选项	数据量	百分比
非常畅通	14	5.56%
畅通	118	46.83%
不畅通	104	41.27%
非常不畅通	16	6.35%
回答	252	100.00%

另外，调查数据还显示，企业需要重点从工资待遇、工作条件、公平考核、维护合法权益等方面系统入手，真正解决工作环境不和谐的问题。

3．业余生活的丰富性

调查显示，职工对于企业组织的文化娱乐等活动持不认可态度，认为活动的组织频率不够、在活动开展的质量和满意度上存在欠缺。

表 4.45　被调查对象对企业组织文化娱乐活动的评价

选项	数据量	百分比
经常组织	30	11.90%
偶尔组织	182	72.22%
没有	40	15.87%
回答	252	100.00%

表 4.46 被调查对象对工会开展娱乐和精神文化活动的评价

选项	数据量	百分比
做得很好	38	15.08%
做得一般	127	50.40%
有一些欠缺	51	20.24%
做得很不够	36	14.29%
回答	252	100.00%

4．海外员工最关注的生活问题

表 4.47 影响海外员工安心工作的因素

选项	数据量	百分比
找对象	10	8.55%
子女教育	55	47.01%
赡养老人	28	23.93%
自身健康	8	6.84%
其他	16	13.68%
回答	117	46.43%
跳过	135	53.57%

调查显示，员工尤其是海外员工对生活问题的关注高度集中，长期不能安心工作的因素均衡分布在子女教育、赡养老人两个典型方面，其中中青年年龄组表现尤为明显。

第三节　座谈与访谈内容分析

调研小组针对调研职工群体采用面对面座谈的方法，开展座谈会十余场，并结合问卷中的开放性问题广泛征求意见和建议，经过认真梳理汇总，形成以下几方面的意见和建议。

一、制度建设与执行方面

1. 建议进一步完善制度建设，实现制度管人，特别是工程建设相关管理制度应落到实处，实现现场科学化、正规化管理。

2. 建议进一步梳理工作流程，做到岗位明晰、权责明确。

3. 建议完善各类制度建设，严格落实责任制，进一步提升精细化管理水平，使整个经营管理流程更科学高效。

4. 建议精简一些办公程序，充分考虑海外单位的项目特征和实际，研讨报表的合理性和实用性，避免一些数据报表重复上报。

5. 建议在成本控制方面更细致一点，使项目效益最大化。

6. 建议加强休假制度的贯彻落实。

7. 希望进一步落实年度经营责任制的年终考核与兑现。

8. 建议国际公司制定一些相关的共同条款的合同范本，以此规范日后工作中需要签订的合同契约。

9. 建议公司对海外单位的发展机制要灵活，给予相应政策、发展空间来调动职工的积极性，让海外各单位更多开辟多元经营创建发展，达到企业职工双赢。

10. 建议结合海外实际，规范合同评审中的相关问题。

二、队伍建设方面

11. 为了保持海外队伍的稳定性，维护职工切身利益，建议在海外重点单位配备专职党（工）委书记，其他单位配备专职党

（工）委副书记。

12. 希望建立轮岗机制，可实施"两条腿"走路的方法，国际公司自身可以通过海外单位和机关人员轮岗机制消化一部分，集团公司也可协调海外单位有培养前途、愿意扎根海外的年轻人送到国内有科技含量的项目锻炼。建议人力资源部门研究出机关轮岗制度，各部门落实。但部分职工代表提出，国内外的轮岗机制一定程度上会影响工程的进度。

13. 国内外交流方面，建议从国内基层项目与国外项目适当交换，有组织、有计划、分阶段地进行交换，各单位及时了解信息，并及时提交国际公司和集团公司，提供信息进行交流，并联系国内学习。

14. 部分海外一线职工思想波动大，对前途比较迷茫，内心有顾虑，建议可通过感情留人的方式维护职工队伍稳定，比如解决职工找对象、孩子上学、赡养老人等问题，稳定职工的大后方。

15. 建议从国内选送一批身体健康、政治素质高、充满正能量、具备一定管理能力的老党员充实到海外一线中去，用老党员的身体力行，影响身边的职工，从而起到稳定职工队伍的效果。

16. 建立合理的留人机制，吸引并留住人才。

三、人才培养方面

17. 建议制定公司的人才培养计划，切实落实到位，加强各方面人才的培养工作，特别是专业人才培养，通过组织集中培训、专业讲座等形式积极培养自己的专业人才队伍。

18. 海外基层职工渴望知识的更新，建议多给年轻人提供学习培训、锻炼提升的机会，特别是相关体系方面的岗位培训。

四、维护职工切身利益方面

19．建议根据职工的意愿，逐步把职工医疗上缴地方，便于看病。

20．根据职工意愿，把部分职工的住房公积金上缴地方进行统筹，便于年轻职工购房贷款。

21．建议多关心未婚青年职工，横向、纵向多方联络，帮助他们解决婚恋问题。

22．建议帮助部分助勤职工解决职称评审的问题。

23．部分职工户口不在天津，在河北涿州，而社保在天津交，退休后社保又回到户口所在地，面临着交得多、拿得少的问题，希望单位帮助解决。

24．个人所得税，单位已在工资表中扣除，但未上交至国际公司，影响职工转户口、购房等事情。

25．建议元旦、春节等节假日发放过节费，提高职工福利。

26．海外业余生活比较枯燥，建议通过多种渠道和载体满足职工精神文化需要，同时希望领导能够多了解一下基层年轻员工的生活状态，多关心一下年轻职工。

27．建议足额兑现有关奖金，保证职工的切身利益。

28．建议多关心考虑老员工的待遇问题，如报酬增长、职务晋升等。

五、机关作风建设方面

29．有些部门办事拖拉，对基层急需要办的事一问就说等几天就行，或者说向领导汇报汇报，可是一等就几个月或半年多也没有下文，要着力提高机关部门的办事效率，切实为基层着想（例如物资、配件、签证），建议把海外单位的骨干和正式工办成工作签，从而使工作正常推进。

30．国际公司机关部门与部分之间沟通不畅，一定程度上影响了执行力。

31．机关部分同志工作积极性不够，有懈怠情绪，履职能力有待加强。

32．建议机关各部门进行职责描述。

33．建议建立网上办公平台，及时处理办公事项

六、其他方面

34．建议公司领导多与职工群众联络沟通，了解掌握职工群众面临的实际困难，最大限度地去解决问题，让职工群众在海外安心工作。

35．帮助海外单位解决急需的困难和问题，解决职工合理诉求。

第四节　综合述评与建议

通过本次《员工和谐劳动关系构建》的问卷和座谈调研发现，在集团快速发展海外业务的大背景下，在集团人力资源管理和工会职能发挥等方面需要进行适应性调整，重业务、轻管理将成为未来公司发展的瓶颈和障碍。本次调研呈现的诸多不尽如人意的地方也为集团长远健康发展提出警示：一是在人力资源管理上，表现出员工对企业充满期望的同时，对绩效考核、薪酬管理现状却有诸多不满。二是在工会职能发挥方面，员工存在认识不清、感受不到的问题。

基于上述现象，做如下建议。

一、薪酬与激励

薪酬是企业员工最为敏感的主题之一，为保持集团在高速发展中的相对稳定，薪酬体系推行宁可稳妥，也不轻易用不成熟的制度来代替。因此建议，在新的制度出台前对现有薪酬制度进行局部调整：

1. 加强薪酬水平市场调查工作力度，努力在合理控制成本的基础上，将员工总体薪酬水平与市场同行业的薪酬水平进行平衡设置，并保持适度超前性。

2. 加强岗位职位职级的科学设置，在稳定薪酬方面合理拉开差距，保证同岗同酬原则的实现。

3. 加强绩效考核的科学性，建议专门进行绩效考核制度的修订，以科学的指标设计和完善的考核办法，真正体现"多劳多得"的薪酬分配原则。

4. 加强员工福利建设，在合法执行国家福利的基础上，拓宽企业自主福利体系的建设，建议建立企业自选福利超市，满足员工个性化福利需求。

5. 强化员工，尤其是中青年员工的专业培养和职务历练，强化梯队建设，提供更多的职业发展机会和职位晋升空间。

二、加强工会工作职能，发挥工会服务职工的作用

工会是党联系职工群众的桥梁和纽带，是职工利益的代表者和维护者。要加强工会建设，努力增强企业工会的活力。

1. 夯实自身基础是开展工会工作的首要任务。要建立健全组织体系，建议重点开展基层工会组织建立，尤其在海外重点项目应该实实在在地夯实基层工会组织的作用。

2. 维护职工合法权益。行使法律赋予工会的基本职责，建

议公司工会建立职工维权法律咨询热线，成立工会维权小组，协助职工合理合法维权。

3. 强调职工参与意识，形成良好民主风气。工会在办事情、做决策时，要注重大多数人的利益，强调大众的参与，实现决策民主化、科学化、规范化，大大提高员工的主动参与意识。建立工会维权的完备渠道，打通基层员工与公司工会之间的联系渠道，主动搭建沟通桥梁。建议建立工会开放式邮箱、建立定期工会访谈以及重大决策的职工审议机制。

4. 关心职工生活状况，营造和谐工作环境。建议开展如下工作：(1)公司建立 EAP 援助中心，从员工心理健康与情绪调整方面给予科学疏导与协调。(2)公司建立职工后缘中心，利用公司的社会力量帮助职工解决生活问题。设计公司红娘会，解决青年职工婚姻问题；设计公司与中小学的合作共建职能，帮助解决子女教育入学问题；建立职工老人照料组，以公司的力量或社会服务外包帮助职工解决老人照料问题。(3)强化领导干部管理能力提升。加强管理团队（或经理人）建设，强化专业型领导干部的科学管理能力提升，开展定期管理培训。

附件：调研问卷

企业劳动关系及工会工作状况调查问卷

职工朋友：

您好！

此次调查旨在了解当前企业所面临的劳资关系问题及其产生的原因，并探讨组织人事和工会解决企业劳资问题的思路和建议，从而引导企业与员工共同建立和谐稳定的劳资关系，共同构建共融和谐社会！

1~64题中，除注明"多选题"的以外，一律为单选题。请在与您的实际情况相符合的选项前的"○"内涂黑，调查采取不记名的方式，您的答案我们将严格保密，请您认真填写。回答这份问卷不需太多时间。

谢谢您的合作！

课题组

2015 年 月 日

第一部分　基本信息

1. 请问您的性别是

○男　○女

2. 您的年龄是

○ 25 岁以下　○ 26 ~ 30 岁　○ 31 ~ 35 岁

○ 36 ~ 40 岁　○ 41 ~ 45 岁　○ 46 ~ 50 岁

○ 50 岁以上

3. 您的文化程度是

○高中、技校以下　○大专　○本科　○硕士及以上

4. 您在目前企业工作有多少年

○ 5 年以下　○ 5 ~ 10 年　○ 10 ~ 20 年　○ 20 ~ 30 年

○ 30 年以上

5. 您的工作岗位属于

○一线技术人员　○一线管理人员　○总部机关人员

第二部分　人力资源方面

1. 您认为公司提供的整体环境有利于留住优秀人才吗?

A. 非常赞同　B. 同意　C. 还可以　D. 不同意　E. 强烈反对

2. 在企业,您最看重:

A. 薪酬福利　B. 提高自己能力的机会　C. 好的工作环境

D. 和谐的人际关系　E. 工作的成就感

F. 良好的发展平台,平台的定义:_____。

3. 您认为目前最大的问题是:

A. 没有提高自己能力的机会　　B. 工作环境较差

C. 人际关系不太和谐　　D. 工作没有成就感

E. 没有发展平台与晋升空间

4. 您认为目前的工作：

A. 很合适，并且有信心、有能力做好

B. 是我喜欢的工作，但自己的能力有所欠缺

C. 不是我理想的工作，但我能够做好

D. 不太适合，希望换一个岗位

5. 你认为当前人员管理的最大问题在什么地方？

A. 薪酬　　B. 工作环境　　C. 培训　　D. 组织管理　　E. 晋升机制

6. 您对公司的奖惩制度满意吗？

A. 很满意　　B. 还可以　　C. 不太满意　　D. 完全不满意

7. 现在工作时间的安排是否合理

A. 很合理　　B. 较合理　　C. 一般　　D. 较不合理　　E. 很不合理

如果选 D 或 E，你希望哪方面有所改进：＿＿＿＿＿＿＿＿。

8. 您对工作紧迫性的感受如何

A. 很紧迫　　B. 较紧迫　　C. 一般　　D. 较轻松　　E. 很轻松

如果选 D 或 E，你希望哪方面有所改进：＿＿＿＿＿＿＿＿。

9. 您认为工作的挑战性如何

A. 很有挑战性　　B. 较有挑战性　　C. 一般

D. 较无挑战性　　E. 无挑战性

如果选 D 或 E，你希望哪方面有所改进：＿＿＿＿＿＿＿＿。

10. 您认为自己的能力是否得到了充分发挥

A. 已尽我所能　　B. 未能完全发挥　　C. 没感觉

D. 对我的能力有些埋没　　E. 没有能让我施展的机会

如果选 D 或 E，你希望哪方面有所改进：＿＿＿＿＿＿＿＿＿。

11. 您的工作是否得到了领导及同事的认可

A. 非常认可　B. 较认可　C. 一般　D. 较不认可

E. 非常不认可

如果选 D 或 E，你希望哪方面有所改进：＿＿＿＿＿＿＿＿＿。

12. 您与同事的工作关系是否融洽

A. 很融洽　B. 较融洽　C. 一般　D. 较不融洽　E. 很不融洽

如果选 D 或 E，你希望哪方面有所改进：＿＿＿＿＿＿＿＿＿。

13. 您与其他部门的合作是否融洽

A. 很融洽　B. 较融洽　C. 一般　D. 较不融洽　E. 很不融洽

如果选 D 或 E，你希望哪方面有所改进：＿＿＿＿＿＿＿＿＿。

14. 工作职责是否明确

A. 是　B. 不是

如果选 B，你希望哪方面有所改进：＿＿＿＿＿＿＿＿＿。

15. 您认为公司的主要优势是什么？

A. 技术　B. 市场　C. 管理

请简述理由：＿＿＿＿＿＿＿＿＿。

16. 您认为目前跳槽的最主要原因是：

A. 公司没前途，谋求个人发展

B. 工资太低

C. 个人能力没有充分发挥

D. 人际关系不好　E. 福利不好　F. 其它原因

17. 您认为公司现在最需要什么样的人才？

A. 管理人才　B. 技术人才　C. 政工人才　D. 高级技工

18. 您是否有机会向上级领导畅谈您的感受与看法？

A. 总是　B. 经常　C. 偶尔　D. 极少　E. 几乎没有

19. 您的直接上属是否注重对下级的培养？

A. 很注重　B. 基本注重　C. 不注重

20. 如果您对工作存在疑问，您将（　　）。

A. 找机会与领导交流　B. 与最亲密的同事私下交流

C. 说了也没用，发些牢骚泄泄火　D. 其他

21. 您认为您的直接上司管理公平吗？

A. 非常公平　B. 较公平　C. 一般　D. 不太公平

E. 很不公平

22. 工作中遇到困难，上司和同事能够提供有力的支持和协助吗？

A. 总是　B. 有时　C. 很少　D. 从不

23. 您最希望用（　　）方式奖励员工的出色表现：

A. 加薪　B. 奖金　C. 表彰　D. 升职　E. 培训　F. 其他

24. 您认为公司在开展集体活动、娱乐活动、精神文化活动方面：

A. 做得很好　B. 做得一般　C. 有一些欠缺　D. 做得很不够

25. 您在公司最不满意的地方是：

A. 无　B. 收入　C. 同事关系　D. 和上级的关系

E. 不能发挥才能　F. 福利　G. 工作无兴趣　H. 其他

26. 您认为本公司存在的主要问题是：

A. 人员素质差　B. 人际关系复杂　C. 职权不清

D. 分配平均　E. 考核流于形式　F. 沟通不畅

G. 权力过分集中　H. 制度不健全　I. 发展目标不明　J. 其他

27. 你对公司的总体感觉是（　　）。

A.满意 B.比较满意 C.一般 D.不太满意 E.不满意

28.您留在本公司，您认为公司对您最大的吸引力是什么？

A.公司有良好的发展前景 B.公司领导者的人格魅力

C.较好的薪资福利 D.同事之间良好的人际关系

E.有良好的个人学习和能力提升机会

F.有良好的成长晋升空间 G.工作及时被认可

H.有成就感 I.喜欢现在的工作 J.其它

29.您认为在海外重点建设单位配备专职党（工）委书记的必要性如何？

A.十分必要 B.一般 C.无所谓 D.没必要

30.您认为实施集团范畴内轮岗，尤其是国内外项目和单位之间的轮岗的可行性如何？

A.可行 B.不好说 C.不可行

31.作为海外一线员工，使您不能长期安心工作的最大影响因素是：

A.找对象 B.子女教育 C.赡养老人 D.自身健康

E.其他_____（可以文字描述）

32.加大自身素质提高，您希望公司采取的措施是：

A.集中培训 B.学历教育 C.后备干部计划 D.轮岗交流

E.其他_____（可以文字描述）

33.为丰富海外业余生活，满足职工精神文化需要，您认为公司应该开展哪些文化活动或采取哪些措施？

反馈观点：_____。

第三部分　工会管理方面

1. 对您现在的工资水平满意吗？

○非常满意　○满意　○不满意　○很不满意

2. 您认为现在的企业员工之间的工资差距合理吗？

○合理　○不合理　○不清楚

3. 您满意目前公司提供的工作环境吗？

○非常满意　○满意　○不满意　○很不满意

4. 公司有没有为您提供安全生产方面的培训？

○有　○没有　○不清楚

5. 公司有没有为您提供必要的劳动防护用品？

○有　○有，但需要自费购买　○没有

6. 您所在的企业有没有为员工定期举办技能培训？

○有　○没有　○不清楚

7. 您的个人能力在企业里展示的机会多吗？

○非常多　○一般　○几乎没有　○没有

8. 您现在的企业给员工职位晋升的机会多吗？

○很多　○一般　○几乎没有　○没有

9. 您认为现在企业对员工的评价是否到位？

○很公正　○不公正　○不清楚

10. 您认为企业在员工职位晋升过程中的选拔公正吗？

○公正　○不公正　○不清楚

11. 是什么原因导致员工职位升迁不公正现象的发生？［多选题］

○缺乏科学的职位升迁考核制度

○企业以及上层管理者"任人唯亲"现象的存在

○上级领导在晋升考核中存在性别歧视

○企业人员岗位配置不合理，未能很好发挥员工能力

○其他＿＿＿＿＿＿＿＿＿＿＿＿＿＿＿＿＿＿＿＿＿＿

12. 您认为企业现行的奖惩制度合理吗？

○合理　　○不合理　　○不清楚

13. 当员工做错事情的时候，企业是怎么处理的？

○碍于情面，不处罚

○按公司规定处罚

○主管随意处罚或者扣工资

○要求员工无条件加班去改正就不予追究

○不清楚

14. 企业是否为员工提供一些福利，如旅游、体检等？

○有　　○没有　　○不清楚

15. 企业有没有组织员工进行文化娱乐活动？

○经常组织　　○偶尔组织　　○没有

16. 企业是否关心员工的生活和感受？

○十分关心　　○偶尔关心　　○不关心

17. 企业是否及时与员工沟通交流信息？

○及时并经常交流　　○及时但并不经常交流　　○偶尔交流

○不交流

18. 您所在企业是否设有党支部、共青团支部、工会等部门？

○有　　○没有　　○不清楚

19. 工会是否经常组织工会活动？

○经常组织活动　　○偶尔组织活动　　○不组织活动

20. 工会组织的活动您是否参加?

○每次都参加　○经常参加　○不怎么参加　○不参加

21. 您对近来工会工作总体状况，及在化解劳资矛盾中发挥的作用的评价是

总体状况：○很不满意　○不满意　○一般　○满意
　　　　　○很满意

发挥作用：○很不满意　○不满意　○一般　○满意
　　　　　○很满意

22. 工会是否经常召开会议讨论员工关心的问题?

○经常　○比较少　○不了解

23. 您所在企业是否支持工会的活动，如提供资金、设施、人员等保障?

○支持　○不支持　○不了解

24. 根据您的理解，公司工会现在实际上是个什么样的组织?

○代表和维护工人利益的组织

○代表和维护企业利益的组织

○企业的一个管理机构（职能部门）

○党组织下属的一个部门

○一个做职工福利工作的组织

○其他_____

25. 您认为公司的工会干部对待职工诉求的态度是

○能真心实意、切实帮助职工解决困难

○平等相待，热心开导

○态度一般，有心无力

○漠不关心，置之不理

26. 在新形势下，工会要着重加强 [多选题]

○维权能力建设　　○服务能力建设　　○协调、维稳能力建设

○适应能力建设

27. 目前，工会迫切需要 [多选题]

○企业赋予工会更多的资源和手段

○找准工会工作的突破口和切入口，扩大在企业中的影响力

○以人为本，为职工办好事实事，赢得职工群众信赖

○探索和创新工会工作机制、内容、手段和方法

○提高和充实工会工作者队伍，提高工会干部队伍素质

○在企业中，加强对《劳动法》《工会法》等法律的执法监
　督检查，为工会工作开展创造良好的法治环境

28. 您认为在工会的沟通协调下，企业的建议申诉渠道是否
通畅？

○非常畅通　　○畅通　　○不畅通　　○非常不畅通

29. 当您与企业关系不和谐或者不满意企业的待遇时，您会
如何做？ [多选题]

○向企业有关部门合理反映问题

○降低工作效率，例如偷懒等

○向其他员工抱怨，动员大家罢工

○辞职换另一份工作

○其他＿＿＿＿＿＿＿＿＿＿＿＿＿＿＿＿＿＿＿＿

30. 如果您与企业的关系不和谐，您认为是什么因素导致的
呢？ [多选题]

○工作条件差

○干部员工之间的工资差距大，心理不平衡

○工作考核制度不合理

○企业赏罚升迁不公平，打击员工进取心

○企业用人唯亲，个人能力展示机会少

○企业劳工组织没有维护员工的合法利益

○企业内部利益分化，影响了员工的团结

○其他＿＿＿＿＿＿＿＿＿＿＿＿＿＿＿＿

第五章 "一带一路"背景下涉外施工国有企业和谐劳动关系构建

第一节 "一带一路"战略概述

一、"一带一路"倡议提出

"一带一路"是"丝绸之路经济带"和"21世纪海上丝绸之路"的简称。"一带一路"沿线共有65个国家与地区，总人口44亿，经济总量21万亿美元，分别占全球的63%和29%。

2013年9月7日，习近平主席在哈萨克斯坦纳扎尔巴耶夫大学演讲时，提出共同建设"丝绸之路经济带"，以点带面，从线到片，形成区域大合作。同年10月3日，习近平主席在印尼国会演讲时，提出设立中国—东盟海上合作基金，发展好海洋合作伙伴关系，共同建设"21世纪海上丝绸之路"。

"一带一路"倡议提出后，得到了国内外一致拥护，因为，在世界经济整体疲软的情况下，"一带一路"建设具有重要现实意义。

对国内而言，主要表现在以下几方面。一是促进经济均衡发展的需要。"一带一路"覆盖了我国中西部的18个省市区，建设"丝绸之路经济带"和"21世纪海上丝绸之路"必将有力地促进这些地方的基础设施建设，破解经济发展的瓶颈。二是大力促进西部就业。基础设施建设、产业转移与对接，必将为我国边疆地区以及沿途国家和地区创造更多就业机会。三是有效解决产能过剩问题。"一带一路"建设能将我国巨大的产品制造能力与沿线国家和地区的巨大的市场需求对接起来，促进区域经济整体协调发展。四是有力促进中国对外投资。在亚洲基础设施银行和丝路基金的支持下，在强有力的融资工具和资金保证支持下，中国企业"走出去"必将加速，我国也有望成为国际投资大国。

对世界而言，"一带一路"建设将促进沿线国家城镇化进程，形成繁荣的物流模式和和平发展平台；有利于促进沿线国家和地区的资源合理开发，从而有效增加全球资源的供应量；也将深刻地改变全球地缘政治的空间布局，促进区域经济合作发展。

二、"一带一路"国内反应

（一）国家层面

2015年3月，国家发展改革委、外交部、商务部联合发布了《推动共建丝绸之路经济带和21世纪海上丝绸之路的愿景与行动》。确定了包括西安、甘肃、新疆、哈萨克斯坦、乌兹别克斯坦、土耳其等在内的22个丝绸之路经济带沿线地区，包括福州、厦门、广州、云南、印尼、菲律宾、马尔代夫在内的16个21世纪海上丝绸之路沿线地区，包括浙江、山东、吉林、宁夏、四川等在内的16个国内"一带一路"核心延伸区，包括俄罗斯、澳大利亚、法国、苏丹等在内的6个国家组成的国际"一带一路"核心延伸区。

2017年5月，首届"一带一路"国际合作高峰论坛在北京举行,29 位外国元首、政府首脑及联合国秘书长、红十字国际委员会主席等 3 位重要国际组织负责人出席高峰论坛,来自 130 多个国家的约 1500 名各界贵宾作为正式代表出席论坛,来自全球的 4000 余名记者报道此次论坛。高峰论坛取得了丰硕的成果,涵盖政策沟通、设施联通、贸易畅通、资金融通、民心相通 5 大类,共 76 大项、270 多项具体成果。

(二)省市层面

各省市区纷纷确定自己在"一带一路"的目标定位。新疆致力于打造丝绸之路经济带核心区;陕西、甘肃、青海、宁夏致力于积极建设形成面向中亚、南亚、西亚国家的通道、商贸物流枢纽、重要产业和人文交流基地;北京、内蒙古、黑龙江、吉林、辽宁致力于全力打造面向北方的重要窗口;福建致力于建设 21 世纪海上丝绸之路核心区;广西积极建设"一带一路"有效衔接的重要门户;云南则全力建设面向南亚、东南亚的辐射中心;上海、天津等沿海诸市争当"一带一路"特别是 21 世纪海上丝绸之路建设的排头兵和主力军。

三、天津主动融入"一带一路"的具体实践与成效

(一)天津主动融入"一带一路"建设的现实意义

从区位分布上看,天津不属于"一带一路"的节点城市。"一带一路"到来时,天津以何种姿态迎接? 2014 年时任天津市委书记的孙春兰敏锐地感觉到,天津必须主动融入,借助国家战略,推动天津经济社会更好更快地发展。她责成市委办公厅向天津各高校询计问策。市委党校经济学教研部认真撰写研究报告,认为天津可以借助现有的路上交通网络和海运航道,与"一带一路"有效衔接,将天津定位为"一带"和"一路"的"连接点",并

提出了主动融入的具体路径。该研究报告被市委办公厅《决策参考》收录，孙春兰做出重要批示。从此，市委市政府在决策制定过程中将"一带一路"作为重要内容纳入其中。2014 年天津市经济工作会议上，孙春兰明确指出："我市是'一带一路'的重要结合点，是中蒙俄经济走廊的主要节点城市。我们将以港口为龙头，以投资贸易为纽带，以产业为支撑，加强与西部地区、沿线国家和地区的合作，全面提高我市开放型经济水平。"现任市委书记李鸿忠也十分重视天津"交汇点"的重要性，强调要把天津发展放到"一带一路"大战略中去运筹和谋划。"结合点"与"交汇点"高度一致，保证了政策的稳定性，形成了强大的推动力。

从天津经济发展现实情况来看，主动融入"一带一路"是新常态下发展经济的新引擎。十次党代会以来，天津经济建设取得了巨大成就，但主要经济指标显示，虽然绝对值增长迅速，环比增速却呈现逐年下降的趋势，新常态特征已经充分显现。"一带一路"能为新常态下天津经济发展提供多维度的新引擎。一是能够促进天津企业"走出去"。长期的外向型经济发展经历使得天津企业具备成功走出国门的基因，也必然能将先进的管理理念复制到"一带一路"国家，促进相关产业对接与开发合作。二是有效解决产能过剩问题。作为我国主要制造基地的天津，能把巨大的产品制造能力与"一带一路"沿途发展中国家的巨大市场需求联系起来，拓展外向型经济发展空间。三是巨大的建设能力和先进的金融理念能为"一带一路"提供强有力的支撑。天津具备强大的基础设施建设能力和融资能力，加之自贸区的政策优势，有能力承担"一带一路"战略下的重大项目，为项目实施提供更多的融资租赁支持。四是有利于促进就业。随着"一带一路"项目投资的增加，会引致就业的增加，有效缓解我市及沿线国家和地区就业压力。五是有利于改善民生。"一带一路"建设加大道路桥梁、供排水、电力等基础设施的建设，必然会提升沿线国家和地区的城镇化建设质量，改善城乡人居生态环境，促进经济社会可持续发展。

（二）具体实践与成效

1. 出台专门的行动方案。2016年，天津市出台参与"一带一路"建设实施方案及目标任务分工，确定了天津与"一带一路"沿线20个国家和地区的100个重点项目，内容涉及基础设施、能源资源合作、产业合作、自贸金融和人文交流等方面。同年，天津市还就国际产能合作、落实中蒙俄经济走廊规划出台了实施方案和工作方案。相关方案明确了工作目标和任务分工，确定了阶段性考核标准，有力地推动了"一带一路"建设项目的顺利开展。

2. 成立专门的领导机构。2017年1月，天津市成立推进"一带一路"建设工作领导小组，由市长担任组长，三位副市长担任副组长，17家成员单位涵盖产业发展、项目开发、金融扶持、综合监管、重点区域与重点企业。领导小组的主要职能在于统筹审议全市融入"一带一路"建设工作的规划、政策、项目、问题、工作和行动计划，统筹协调解决跨部门跨区域的重大事项和问题。从成员单位的构成与职能的定位可以看出，领导小组紧密联系"一带一路"建设实际，必将形成强劲的推动力。

3. 以天津港为龙头推动"一带一路"建设。天津港努力打造"一带一路"重要战略支点。第一，运能逐年提升。近些年，天津港运能整体提升很快，已成为全球货物吞吐量第四大港口。2014年1月1日天津港实现复式航道通航，可实现高等级大小型船舶分流"双进双出"四通道航行，通行能力提升47%。2009年港口货物吞吐量为3.08亿吨，2016年上升至5.50亿吨，增长78%。天津港119条集装箱航线覆盖了世界主要地区和港口，每月航班达五百余次。2009年完成870万标准箱的吞吐量，2016年上升至1450万标准箱，增长67%。虽然近些年来，受世界经济整体疲软的拖累，天津港的货物吞吐量增长缓慢，但仍然维持高位，表现不俗，2014年至2016年每年的货物和集装箱的吞吐量均在5.4亿吨和1400万标准箱以上。第二，加快内陆无水港布局。截至2016年底，天津港已在内蒙古、甘肃、新疆等省区建立25个内陆无水港。无水港具备了除装卸船以外所有的港口功能，"一站式"服务完成订舱、报关、报验、签发提单等通关手续。无水港建设增强了对东北、华北和西北辐射能力，腹地面积近500万平方公里，相关省区贡献了70%左右的货物吞吐量和50%以上的口岸进出口货值，有力支撑了天津外向型经济的发展。第三,借助邮轮母港提振海洋经济。目前,我国拥有天津、舟山、厦门和香港四大邮轮母港,其中,天津的是亚洲最大的邮轮母港,能停靠目前世界最大邮轮。近些年来,天津邮轮母港成为连接世界的纽带。2017年2月,北方首条"环中国海"航线邮轮起航,覆盖渤海、黄海、东海及南海,受到游客们一致好评。2015年接待邮轮86艘次,进出港旅客约41.3万人次,均实现了翻倍增长;2016年接待邮轮142艘次,进出港旅客71.5万人次,分别同比增长48%和65.9%。2017年确定的营业目标是243艘次,进出港旅客必将再创历史新高。第四，天津港发展多式联运推动"一带一路"发展。天津港是国内唯一同时拥有四条铁路通往欧洲陆桥的港口。天津港借助四条通道开展海陆多式联运,通过满洲里、二连浩特、阿拉山口和霍尔果斯口岸,经由蒙古、哈萨克斯坦、俄罗斯通往中亚、南亚与欧洲,辐射国内外的能力显著增强。

4.加强与核心区经贸往来。目前,天津对口支援的新疆、甘肃、青海和西藏四省区,系古丝绸之路的发源地,也是"丝绸之路经济带"核心区。近些年来,除了资金支援、项目支援以外,相关部门还通过"组团式"对上述地区实施对口教育支援和医疗支援,持续有效地改善了受援地民生质量;借助"津洽会""兰洽会""青洽会""亚欧博览会"等平台,加强双边经贸往来,促进东西部协作发展;2016年,天津与新疆和田地区实现直航,交往交流交融明显提速。另外,还依据当地资源禀赋,创新对口支援方式,在"十三五"期间,实施电力援疆,购买新疆40亿度电,将有效改善天津的能源结构,同时促进新疆电能的销售,实现"双赢"。

5. 天津参与"一带一路"项目建设进入加速时代。得益于领导小组的推动,行动方案的周密部署、龙头企业的拉动,天津参与"一带一路"建设的速度明显提升。在基础设施建设方面,天津参与中巴经济走廊瓜达尔港300兆瓦燃煤电站、土耳其全球最大天然气地下储备库、沙特SAFCO变电站等项目建设,明显提升所在国家的基础设施水平。在产业对接方面,天津在保加利亚发展农业实体项目,在印尼建立全球最大的棕榈油生产基地,在哈萨克斯坦设立矿产能源公司,在泰国开发矿业,在埃及设立泰达苏伊士经贸合作区,形态各异,有力地促进了与相关国家和地区的产业对接与发展。在人文交流方面,天津依托天津师范大学等机构,与泰国合作成立全球首家"海上丝路孔子学院",与巴基斯坦就合作推进职业教育已达成意向,目前进入实质性操作阶段。

总之，天津虽然不是"一带一路"节点城市，但天津市委市政府主动融入"一带一路"国家战略，取得了可喜的成绩。2016年天津对部分"一带一路"沿线国家出口增长迅猛，对俄罗斯、泰国和印度尼西亚出口分别增长 1.5 倍、11.3% 和 15.0%，与沿线国家投资贸易合作增多，项目投资增长 3.5 倍。

第二节　涉外施工国有企业构建和谐 劳动关系的关键因素[①]

从上文可以看出，"一带一路"建设为涉外施工企业带来了巨大的发展契机。涉外施工国有企业在参与建设过程中，围绕和谐劳动关系的构建，应重点关注两个方面，一是熟悉国内法律法规，按照中共中央、国务院《关于构建和谐劳动关系的意见》，全面深化改革，加强制度建设，结合企业实际全面推进和谐劳动关系的构建；二是要关注投资合作国家的法律法规，本着合作双赢的原则，结合所在国家和地区的风俗习惯，强化外企员工管理，努力营造和谐的涉外劳动关系。

在"一带一路"战略背景下，我国施工企业将"一带一路"沿线国家和地区作为投资合作的重点。这里应特别感谢商务部国家贸易经济合作研究院，他们与我国驻外经商机构编写了《对外投资合作国别（地区）指南》，截至目前，已覆盖世界 170 余个

[①]囿于篇幅所限，本结结合中铁十八集团国际公司业务，仅选择了阿联酋、巴基斯坦、马来西亚和沙特阿拉伯，虽然样本范围有限，但能产生举一反三的效果，能帮助读者总结我国涉外施工企业在参与"一带一路"建设中构建和谐劳动关系的关键环节。

国家和地区。这是中央政府提供的公共产品之一，必将为我国企业参与"一带一路"建设，成功"走出去"提供坚强有力的支撑。本文拟参考他们的智力成果，归纳总结，以中铁十八局国际公司投资合作伙伴为例，探讨涉外施工国有企业推进海外和谐劳动关系构建中应重点把握的几个关键点。

一、熟悉相关国家和地区基础设施建设相关政策性规定

（一）阿拉伯联合酋长国

1.基础设施建设规划

阿拉伯联合酋长国位于阿拉伯半岛东南端，石油、天然气资源丰富，石油产业是其支柱产业，巨额稳定的石油天然气收入助力阿联酋成为海湾地区第二大经济体和世界上最富裕的国家之一。阿联酋由阿布扎比、迪拜等7个酋长国组成，首都位于阿布扎比。官方货币为迪拉姆。[①]官方语言为阿拉伯语，通用语言为英语。

基础设施主管部门为基础设施发展部、阿布扎比经济发展局、迪拜交通局等。阿联酋拟投资110亿美元建设连接各酋长国的铁路。规划里程1200公里，分三期建设。目前一期工程266公里已完工，全部工程计划2018年完工，该铁路将纳入全长2200多公里的海湾铁路网，将联通海合会6国[②]。境内公路网完备，迪拜酋长国建有中东地区最先进、最完善的轻轨铁路系统，分为红、绿、紫、蓝4条线路，全长318公里。阿布扎比拟推出城轨项目，规划全长131公里，包括地铁、轻轨和快速公交等，目前尚未开始招标。迪拜、阿布扎比正推进机场新扩建项目，港口码头新扩

---

① 1 阿联酋迪拉姆 =1.889 人民币元。
② 海合会，即海湾阿拉伯国家合作委员会，包括阿联酋、阿曼、巴林、卡塔尔、科威特和沙特阿拉伯 6 个国家。

建正在努力推进。

2. 投资模式

阿联酋基础设施建设主要是政府投资，一般由国内投资主体所有和完成。近些年来，阿联酋政府在能源、新能源等领域对外资开放，主要采取公私合营模式，即PPP（公司合营）模式，最长协议期不超过30年。比如，迪拜太阳能公园项目就采用PPP模式，目前已进入第三期800MW招标阶段，该项目有望成为世界最大的单相太阳能项目。

3. 投资许可

外国施工企业在阿联酋承包工程，需要按照各酋长国的要求设立机构，取得营业执照。以阿布扎比酋长国为例，还需要取得经济发展局颁发的分级证书。所谓分级证书，是该国政府针对各类承保公司就财务条件、技术条件、前期承保经验等所进行的等级划分，不同等级的承包商允许承包项目规模不同。详见表5.1。

表 5.1　阿布扎比酋长国承包公司分级

等级	财务条件（资产或资本总额	质量、健康及安全标准	技术条件	资历条件（指申请评级前6年完成的承包项目）	允许承包项目规模
特级	至少3000万迪拉姆	ISO9001,ISO14001,OHSAS18001	至少具有15年工作经验的高级工程师1名；12年工作经验的工程师1名；10年工作经验的工程师2名；10年工作经验的财务经理1名；7年工作经验专职会计1名。	历史执行项目总额不少于4.8亿迪拉姆，其中至少3.6亿迪拉姆项目为总承包商，并且其中至少有一个专业分类项目额不低于1.2亿迪拉姆。	1亿迪拉姆以上

（续前）

等级	财务条件（资产或资本总额）	质量、健康及安全标准	技术条件	资历条件（指申请评级前6年完成的承包项目）	允许承包项目规模
一级	至少1500万迪拉姆	ISO9001，ISO14001，OHSAS18001	至少具有12年工作经验的高级工程师1名；5年工作经验的工程师1名；7年工作经验的工程师2名；10年工作经验的财务经理1名；5年工作经验专职会计2名。	历史执行项目总额不少于2.4亿迪拉姆，其中至少1.8亿迪拉姆项目为总承包商，并且其中至少有一个专业分类项目额不低于6000万迪拉姆。	6000万至1.8亿迪拉姆
二级	至少700万迪拉姆	ISO9001	至少具有10年工作经验的高级工程师1名；5年工作经验的工程师1名；5年工作经验的财务经理1名；3年工作经验专职会计1名。	历史执行项目总额不少于1.2亿迪拉姆，其中至少0.9亿迪拉姆项目为总承包商，并且其中至少有一个专业分类项目额不低于3000万千万迪拉姆。	3000万至1亿迪拉姆
三级	至少400万迪拉姆	无	至少具有7年工作经验的工程师1名；3年工作经验专职会计1名。	历史执行项目总额不少于6000万迪拉姆，其中至少4500万迪拉姆项目为总承包商，并且其中至少有一个专业分类项目额不低于1500万迪拉姆。	1000万至6000万迪拉姆

等级	财务条件（资产或资本总额）	质量、健康及安全标准	技术条件	资历条件（指申请评级前6年完成的承包项目）	允许承包项目规模
四级	至少150万迪拉姆	无	至少具有5年工作经验的工程师1名；1年工作经验专职会计1名。	历史执行项目总额不少于2800万迪拉姆，其中至少2100万迪拉姆项目为总承包商，并且其中至少有一个专业分类项目额不低于700万迪拉姆。	800万至3000万迪拉姆
五级	至少75万迪拉姆	无	至少具有4年工作经验的工程师1名	无	小于1000万迪拉姆
六级	至少30万迪拉姆	无	至少具有4年工作经验的工程师1名	无	小于700万迪拉姆

　　取得以上分级证书的承保公司可以参与工程招标，投标范围可以在其被划分的那一级或比该级低两级的范围投标和承包项目。外国自然人不能以个人身份承揽工程承包项目。但外国自然人可以持有阿联酋当地的工程承包公司的一定比例的股份，该比例不得高于51%。

　　投标方式分为国际招标和当地招标两种类型。国际招标允许各国公司均可参加（如有资格预审的项目参加者必须先通过资格预审），不需要在当地登记注册。但必须先找一个当地项目代理人或合伙人；已在当地注册的外国公司（如各中国公司）也可以参加国际招标项目的投标。但不需要再另找代理人或合伙人。当地投标则只限在当地登记注册并已经取得分级证书的外国公司及当地公司参加。

4．应注意的其他问题

（1）担保费。在阿布扎比开展业务必须找当地代理人，因为公司资格预审中必须由担保人出面签字并提供担保合同。当地担保人每年收取一定费用，支付担保费用主要有以下3种方式：一是不管被担保的公司是否盈利，每年需支付固定的担保费；二是按承包合同额支付一定比例的费用，一般为合同额的1%~3%，合同金额越大，收费比例越小；三是确定一个固定金额为保底担保收费额，同时每笔合同按比例提取费用，总担保金额超过保底金额时，按实际金额提取费用，少于保底金额，则按保底金额收费。具体采取哪种方式，公司可与担保人具体商议。

（2）预付款。外国公司在阿联酋承包工程不享受预付款，必须带资承包。因此，外国公司的固定资产及流动资金的投入量较大，回收期长，特别对外承包的第一个项目，在筹资方面会有较大压力。

（3）履约保函。承包公司在阿联酋履约项目合同时，外国公司须交合同总额10%的履约保函，当地公司的履约保函在5%左右。

（4）机械设备。纯当地公司（即100%由阿联酋公民所拥有的公司）可以不受限制地购置施工机械、设备、运输车辆，而外国公司，如前所述，每购置一台机械设备，包括小轿车在内，必须同时再租赁一台同样设备。

（二）巴基斯坦

1．基础设施建设规划

巴基斯坦位于南亚次大陆西北部，首都位于伊斯兰堡。官方语言为英语，国语为乌尔都语。国教为伊斯兰教。货币为卢比[①]，目前尚不可自由兑换。

2007 年，巴基斯坦政府发布《2030 年远景规划》，就该国基础设施建设进行了详细规划。能源电力建设方面，决定采取 PPP、BOT（建设—经营—转让）等方式，加快以印度河为主的河流大中型水电站建设，力争 2030 年将水电发电量由目前的 646 万千瓦提高到 3266 万千瓦；开发预计储量达 1800 亿吨的塔尔煤田，大力发展火电站建设，争取在 2030 年达到 2000 万千瓦装机量；加大油气资源勘探开发力度，预计可开发储量由现在的 8.4 亿桶和 515 亿立方英尺提高到 270 亿桶和 2820 亿立方英尺，2030 年核电装机目标 880 万千瓦，可再生能源装机容量 970 万千瓦；通过私有化等措施提高水电和电网管理部门工作效率，升级更新输电网络。

铁路建设方面，致力于实现"使铁路成为国家主要运输形式、运输系统逐渐盈利、有力促进国家经济发展"的发展目标，拟通过购置新机车，升级现有轨道和信号系统，新建部分货运专线路段，增加复线里程，修建连接瓜达尔地区的铁路，修建和改进连接邻国的铁路；提出拉合尔、卡拉奇、伊斯兰堡—拉瓦尔品第、白沙瓦 4 个主要都市区建设城市轨道交通系统的设想，其中拉合尔已完成初步设计和可行性研究，目前正在筹建中。

公路建设方面，2009 年制订"十年投资规划"，拟于 2010—

---

① 1 人民币元 =15.5308 巴基斯坦卢比（2017 年 7 月汇率）。

2020 年全面扩建公路网络，新修和改扩建 8 条高速公路、4 条国道，将全国公路密度提高至 0.64 公里 / 平方公里，道路运行速度提高 25%，车辆运行成本降低 10%，道路故障减少 50%

航空方面，重点建设是在建的伊斯兰堡新机场。目前，巴基斯坦政府正酝酿巴航私有化、租赁新客机等提升空运效能。

2．投资模式

巴基斯坦本国基础设施建设基金缺乏，国内建设资金主要来自公共领域发展项目资金。巴基斯坦基础设施建设对外国无偿援助和贷款的依赖度高，其中对世界银行、亚洲开发银行等国际机构及中国、美国、英国、日本等国的无偿援助和贷款依赖度较高，巴基斯坦同时积极鼓励外国投资者参与当地基础设施投资。

在大型项目建设和管理上，巴基斯坦政府和相关部门多聘请欧美发达国家的公司作为项目咨询，使用和借鉴西方国家的技术标准与项目管理机制，运作比较规范。按巴基斯坦法律规定，大型项目应采用国际公开招标方式确定承包商，以 EPC（工程总承包）、PMC（工程项目管理总承包）和带资承包方式实施的项目比例逐年提高。此外，政府积极鼓励投资者通过 BOT、PPP 和 BOOT（建设—拥有—运营—移交）等方式参与项目建设。

3．投资许可

巴基斯坦承包工程市场管理相对宽松，外国承包工程企业进入巴基斯坦市场只需在巴基斯坦工程理事会注册即可，原则上允许外国自然人在当地承揽工程承包项目。

《2002 年公共采购法》规定，采购或建设价格在 10 万卢比以上的项目，需在政府网站或媒体上刊登招标公告。因此，外国承包工程企业可以通过当地媒体、公共采购管理局网站或项目负责部门网站及当地代理处获取工程招标信息。所有竞标单位需通过项目资格预审，并在规定时间内提交投标文件，通常巴基斯坦国内招标项目招标期不少于 15 个工作日，国际公开招标期不少于 30 个工作日。项目评标委员会必须按公正、公开、透明的原则进行甄选，原则上应优先考虑最低标者。特殊或紧急情况下，个别项目可实行议标。外国承包企业必须与当地企业组成联营体参与项目投标，巴方所占部分不得少于 30%。

4．应注意的其他问题

（1）守法经营。中国企业人员要认真学习巴基斯坦相关法律法规，做到诚实守信、依法经营。在投标或议标之前及时与中国驻巴经商参处联系，听取意见。

（2）慎选代理。中国企业在巴基斯坦开展承包工程业务，通常需通过当地代理公司获取相关信息、参与项目实施过程中遇到的问题。因此，建议选择实力强、信誉好、能办事的代理公司。

（3）加强投标、议标的科学性。中资企业应认真分析业主提供的资料，并充分考虑政局、安全、通胀、当地劳工价格及人民币升值等因素，预留足够不可预见费用，切勿听信代理公司片面之词盲目低价竞标，不要对融资等问题做出难以实现的承诺。

（4）探索新的模式。巴基斯坦基础设施落后，建设资金十分缺乏，近年来，许多项目要求承包商带资承包，或参与项目投资经营。中国企业应逐步调整经营思路，探索 BOT、PPP 等新的经营模式。

（5）加强安全防范。巴基斯坦安全形势十分严峻，中国企业在参与项目前务必做好安全情况了解和安防准备工作，在项目实施过程中抓好生产安全，在确保项目质量和工期的同时，加强对中方人员的安全教育，强化安全意识，加强内部安全管理。

（三）马来西亚

1. 基础设施建设规划

马来西亚地处东南亚，首都为吉隆坡。国语为马来语，通用语言为英语。国教为伊斯兰教。货币为马来西亚林吉特[①]。

2016 年 5 月，马来西亚政府发布《第十一个马来西亚计划（2016—2020 年）》，决定投资 1500 亿林吉特加强公共交通和基建项目建设，包括马新高铁、槟城交通基建、泛婆罗洲大道等；建两个大型发电厂；在吉里河与勒比河新建防涝堤坝；加快高速宽带互联网络建设；在沙捞越州的穆卡和老越建造机场等。

2. 投资模式

外商可直接在马来西亚投资设立各类企业，开展业务。直接投资包括现金投入、设备入股、技术合作以及特许权等。马来西亚允许外资收购本地注册企业股份，并购当地企业。一般而言，在制造业、采矿业、超级多媒体地位公司、伊斯兰银行等领域，以及鼓励外商投资的五大经济发展走廊，外资可获得 100% 股份；马来西亚政府还先后撤销了 27 个服务业分支领域和上市公司 30% 的股权配额限制，进一步开放了服务业和金融业。

长期以来，马来西亚政府修改法律和法规，鼓励在基础设施建设方面的私人资本与政府合作，通过 BOT 模式参与公路、轨道交通、港口、电站等项目建设与运营，专营年限一般为 30 年左右。

3. 投资许可

马来西亚法律规定，外国承包商在马来西亚注册成立建筑工程公司需要得到该国建筑发展局批准，同时还要获得建筑承包

———————————
① 1 马来西亚林吉特 =1.5527 人民币（2017 年 1 月 1 日汇率）。

等级证书。需要注意的是，由于不能获得 A 级执照，因此，外国独资公司不能作为总承包商参与政府 1000 万林吉特以上项目招标。现实情况下，很多外国公司实施"迂回战术"，即与当地公司合作，借用当地公司信誉或 A 级资质，突破法律上的障碍。有鉴于此，中国企业在马来西亚投资合作时，如果想获得 1000 万林吉特以上项目的参与权，应选择当地有实力、讲信誉的企业作为合作伙伴。

马来西亚政府动用财政拨款建设的基础设施工程项目一般是由当地承包商负责，因此，外国独资工程公司一般只能从中分包工程。

政府基础工程建设项目一般通过招标方式选择承包商，但出于融资方面的特殊要求，也可以实行议标制度。

4．应注意的其他问题

（1）客观评估在马投资环境。中国企业赴马来西亚开展投资合作应结合自身状况，客观公正地评估其投资环境，主要包括经济规模及产业优势；政府及各界对待外国资本的态度；投资贸易便利化程度；当地的人文、语言及宗教环境；政府及其相关部门的执行力和工作效率；社会治安状况等方面。

（2）适应复杂的法律环境。法律环境问题是中国企业到马来西亚投资合作必须首先关注的问题，要严格遵守马来西亚各项法律法规，同时密切关注该国法律变动情况；聘请当地有经验、易于交流的律师作为法律顾问，在投资合作，重大投资经营决策，合约订立以及谈判过程中，必须听取法律顾问的意见，消除法务风险，合理合法地保护自己权益。中方人员应主要负责工程项目的统筹管理，并在商务谈判、对外协调、现场管理等岗位聘用马来西亚本地人员，利用其熟悉本地政策法律和工程实践的优势，服务于项目的实施。

（3）取得投资经营许可。中国企业在马来西亚投资合作，需按照该国法律制度，在法律顾问和专业律师的帮助下，办理公司注册手续，按照约定积极申办各类执照。各类申请文件需由企业法定代表人亲自签名，并加盖公司的正式印章。

（4）充分核算税负成本。中国企业在马来西亚投资合作时，应认真了解当地税收政策，听取会计师和税务核算人员的意见，尽量选择在能够获得所得税减免的领域或地区投资。同时，组织专门的力量，积极申请该国各项税收优惠政策，尽一切可能降低税收负担。

（5）有效控制工资成本。在马企业支付的人工成本涵盖薪金支出、雇员公积金、社保基金及保险和年度花红等。中国企业在马来西亚投资合作时，应充分了解当地劳动法律法规关于正常工资和加班工资的具体规定，精心核算企业经营过程中发生的工资成本，提高劳动生产效率。同时，还应按照一定的比例预期工资成本的上涨幅度。①

（四）沙特阿拉伯

沙特阿拉伯，简称沙特，位于阿拉伯半岛。沙特石油资源丰富，储量居世界第二位。首都利雅得为沙特第一大城市和政治、文化中心。沙特系政教合一的君主制国家，无宪法，以《古兰经》和《圣训》为执法依据。主要民族为阿拉伯族，逊尼派莫斯林占全国人口的大多数。官方语言为阿拉伯语，商界通用语言为英语。国教

---

①根据马来西亚雇主联合会历年发布的数据，马来西亚就业市场每年雇员工资实际增幅平均在5%～7%左右，投资者对此须有充分认识。

为伊斯兰教。货币为沙特里亚尔①，目前人民币与里亚尔尚不能直接兑换。

1．基础设施建设规划

铁路建设方面。沙特政府于 2013 年至 2023 年投资 450 亿美元用于全国铁路网的建设，拟建设沙特大陆桥连线、南北线等 6 条铁路干线，全长约 7000 公里。同时，海合会六国于 2014 年开始建设总长约 2117 公里的海湾铁路。海湾铁路沿波斯湾从南向北将阿曼与科威特连接在一起，并与海湾国家内陆铁路相连接形成网状，预算总投资约 255 亿美元，该铁路预计 2019 年投入运营。

机场建设方面。沙特政府将针对利雅得哈立德国王国际机场进行扩建，新建一个航站楼，改扩建原有的 4 号航站楼。国际机场改扩建完成后，旅客吞吐量将增加两倍。

供水建设方面。2013 年，沙特政府宣布，在今后的十年里，将投资 660 亿美元用于供水建设，以满足人口增长带来的供水需求。包括在拉比格建设世界上最大的淡化水厂和在吉达建设一家 1200 万立方米的储水厂。

房地产建设方面。2013 年，沙特住房部宣布投资 11 亿美元，在全国各地建设 8 个住宅区共计 4 万套住宅，预计总建筑面积将达 2600 万平方米，可容纳 25 万人。据悉，2016 年 3 月，韩国两家企业与沙特企业合作，承接沙特 10 万套住宅建设项目，项目总金额约 197 亿美元。

再生能源建设方面。沙特政府拟在 2030 年前投资 1000 亿美元，建设 16 座核电站，该项目建设完工后，核电站生成的再生能源电力将占沙特全国发电总量的 50%。另外，2016 年 1 月，

_____

① 1 沙特里亚尔 =1.8497 人民币（2017 年 1 月 1 日汇率）。

习近平主席访沙期间，中核建与阿卜杜拉国王原子和可再生能源城签署了《沙特高温气冷堆项目合作谅解备忘录》，双方确认开展第四代先进核能技术高温气冷堆项目合作。

2. 投资模式

进入21世纪以来，沙特政府逐步放开基础设施投资限制，从原来的国有投资向公司合营投资发展，但截至目前，尚不允许外国投资者独资投资基础设施。

沙特允许外资以合资或独资方式在沙特设立公司、工厂或开设办事处（无经营权限）。沙特对外国公司实施平等保护，外国公司与本国公司一样，受沙特《公司法》的约束。

外国投资者在沙特进行任何长期或短期的投资活动都必须获得由投资总局颁发的许可证，也就是投资执照。外国投资者有权将其通过出售自身股份或企业结算获得的利润或盈余汇往国外，或以其他合法手段使用，也可以汇出必要款项用于履行与项目相关的合同义务。

在沙特本地新注册和已经注册的公司必须有益于沙特经济发展及技术传播。所有公司必须开设自己的网站，并在网站公布公司名称、管理人员、邮政地址、经营范围、已完成的工程或产品以及其他有关的基本信息。

在政策层面，沙特政府鼓励私人业主参与铁路、机场、电力、供水、码头等基础设施建设，并注重吸引越来越多的私有资本，以弥补政府资金不足。为促进经济私有化，将政府企业转交私人业主进行经营和管理的方式受到重视，BOT是其中的一种典型方式。然而，在近年沙特政府大兴基础设施建设时期，石油价格高企，沙特财政坐拥巨额盈余，政府资金充沛，BOT方式在沙特的运用并不普遍，中国企业在沙特采用 BOT 方式承揽的工程项目寥寥无几。自 2014 年下半年以来，国际油价大幅下挫，沙特财政吃紧，并出现赤字，一些原定的政府投资项目被迫推迟，带资承包项目的方式将体现出原本应有的优势，BOT 方式也将被更广泛采用。沙特阿拉伯首次公开承认 PPP 的目标是新海水淡化厂，通过私人融资建设 Jeddah IV 期反渗透海水淡化厂，产能为 $400000\text{m}^3/\text{d}$，是目前最有可能成为独立水利工程的项目。

3．投资许可

沙特承包工程市场受沙特政府保护，承包工程市场的发展主要得益于政府投资的推动。在沙特商工部成功注册，并持有沙特投资总局颁发的投资许可证的外国承包商，可以直接参与沙特政府和私人承包工程项目投标。初次进入沙特市场且没有在当地获得注册经营地位和承包商资格的外资承包企业，必须通过与有资格的当地承包商建立联合体、建立合资企业、转包或分包以及委托当地承包商代理等间接方式参与承包工程竞争，而且在同等价格条件下，沙特个人或公司以及沙特拥有多数股份的合资企业享有优先权。

沙特承包工程市场实施资质管理制度，由沙特城乡事务部统筹管理。该部根据市场特点划定了 29 个专业分类，并由部所属的承包商评级署依照企业注册资金、累计承揽项目总额等参数，将在沙承包商分为 5 个等级，1 级为最高。根据专业及等级的不同，承包商所能够承揽的项目规模也有严格限制。比如房建领域，单个项目总额不超过 420 万里亚尔的，参与企业无等级要求；超过 420 万，但低于 700 万的，参与企业须具备 5 级以上资质，如是类推，随着项目总额的增加，对于企业资质的要求也越高，一且项目总额超过 2.8 亿里亚尔，参与企业必须具备 1 级资质方可参与项目投标。

2007 年，中国商务部与沙特城乡事务部签署《工程合作谅解备忘录》，拓宽了中国建筑企业在沙特经营范围，即允许中国企业直接参与城乡事务部的路桥、房屋、市政工程等项目招标。2008 年，中沙两国政府签署《关于加强基础设施建设领域合作的协定》，使此前的谅解备忘录上升为中央政府间的协定，允许通过政府推荐渠道解决中资承包企业进入沙特市场的资质问题。目前，协议项下有 39 家中国企业，可以不受资质分级制度限制，直接参与城乡事务部主管的所有基础设施建设领域的项目投标。

目前，沙特政府针对外国企业的投资领域做出了限制性规定，不允许外国企业直接投资石油资源勘探和生产、军用机械设备及服装生产等 13 个领域，但对于外国企业参与这些项目建设则没有设置禁止领域。

沙特政府规定，建筑工程、机械与设备等领域超过 26.67 万美元以上的项目必须实行公开招标。招标实行国内优先原则，即同等价格与条件下，具备资质的沙特个人或公司享有优先权，其次是沙特拥有多数股份的合资企业。

4．其他应注意的问题

（1）企业待遇问题。虽然沙特《外国投资法》规定，外资企业可以在沙特国内成立全资子公司或分公司，享受沙特当地法人公司的同等待遇，但在实际运作中，沙特政府相关部门往往通过独立的规章制度对本国企业和国民给予更多保护，中资企业不易享受到实际意义上的同等待遇。

（2）代理人问题。中国企业在沙特投资合作时，应委托沙特当地人作为代理人，处理与政府部门解决注册、劳动、税收、海关等各事务，因为，外资企业直接办理，沙特政府部门不予接待。

（3）投资行业问题。中国企业在沙特应重点选择当地政府支持发展的新兴化工行业作为投资重点，可选择诸如精细化工、冶金、采矿等能耗大、利润率高的政府或私人项目进行投资。

（4）投资区域问题。目前，沙特政府已建设了阿卜杜拉国王经济城、知识经济城、赞亚经济城等六个经济城，辅以税收、能源等优惠政策，促进相关区域的发展。中国企业在沙特投资合作时，应首选这些区域，充分利用当地的优惠政策，降低运营成本。

二、熟悉相关国家和地区劳动法律相关规定

（一）阿联酋

1. 关于节假日与工作时间

阿联酋法律规定，公民可享受 10 天公众假期，主要包括伊斯兰历新年（一天）、公历新年（一天）、开斋节（二天）、宰牲节（三天）、先知诞辰（一天）、先知升天（一天）、国庆节（一天）。伊斯兰宗教节日视月相调整，其中伊斯兰历 9 月为斋月。

每周五是伊斯兰教的聚礼日，所有工人均休息，计时工除外。如果劳务人员必须在周五工作，雇主应给予补休一天或发给日工资 50% 的加班费。

阿联酋《劳工法》规定，每天最长工作时间为 8 小时，每周最长工作 6 天；工人不能每天连续工作 5 小时以上；经人力资源与本土化部同意，某些特殊工作部门或工作性质，工作时间可以

延长或减少；斋月期间，①每天的工作时间应减少 2 小时；通勤时间不计入工作时间；正常加班，劳务人员可得到日工资 25% 的加班费，如果是晚上 9 点到早晨 4 点加班，可得到日工资 50% 的加班费；除不可抗力外，每天的加班时间不超过 2 小时，且不能在连续两个以上的休息日里加班。

在阿联酋劳务人员可以享受年休假，其中，服务期满 6 个月不满 1 年的，每个月 2 天；服务期满 1 年的，每年 30 天。

关于病假，实习期满服务超过 3 个月的，每年可享受 90 天病假，病假可以连续或间断计算。病假期间的工资计算方式为，头 15 天按 100% 计算；中间 30 天按 50% 计算，最后 45 天无工资。

2. 关于工伤补偿

如果雇员在阿联酋遭遇工伤或职业病，雇主应支付其在当地政府或公共医疗中心、诊所的治疗费用，直到其康复或确诊为残废。治疗费用包括在医院或疗养院的住院费、外科手术费、拍 X 光片和药理分析的费用、购买药物的费用、器官移植以及为残疾者提供康复设备和假肢等的费用、治疗产生的交通费。

如果雇员受伤不能工作，雇主应支付其一笔相当于治疗期或半年医疗费的现金补贴（遵从时间孰短原则）。如治疗期超过半年，则补贴减为一半，直到确诊，无论雇员康复、残废或死亡。

如果雇员死于工伤事故或职业病，则其家属应得到相当于其两年工资的补偿金（18000 至 35000 迪拉姆之间，约合 5000 至

---

① 斋月，也称为拉马丹月，是伊斯兰历 9 月，被穆斯林视为一年中最尊贵的月份。在阿拉伯国家中，斋月期间穆斯林如无特殊豁免原因，须在黎明至日落期间戒饮食、戒丑行、戒秽语、戒邪念等，非穆斯林在斋戒时间段内不得在公共场所或穆斯林面前饮水、进食或吸烟，不得向穆斯林提供可现场消费的食品饮料，亦不得发问质疑穆斯林是否真心斋戒或发表其他挑衅性言论，否则将面临严厉处罚。

9500 美元）。补偿金额按照其生前最后一次的工资计算，补偿金给予其家属。

如果有关当局确认雇员是因企图自杀或为得到补偿、病假或其他原因而造成自己受伤；因吸毒和酗酒而造成受伤；因故意违反在工作场所明显处公布的安全条例或因粗心、玩忽职守而造成自己受伤；在没有正当理由的情况下拒绝医疗检查或医疗小组的诊治，以上所述的情况所造成的伤害或残疾如没有造成死亡，则雇员不享有任何补偿。在上述情况下，雇主有权不提供医疗或津贴补偿。

3．关于劳动争议

在阿联酋，个体争议可通过人力资源与本土化部乃至法庭解决，集体争议由人力资源与本土化部的调停和解委员会、法院及最高仲裁委员会解决。根据《劳工法》所主张的所有权利，时效为 1 年。只有人力资源与本土化部可以把争议提交法院解决。

在下列情况下，可解除雇佣合同：一是固定合同到期，或劳资双方都同意解除合同；二是固定合同中如果单方面终止合同，需提前 30 天，不超过 3 个月提出，但当事方需要承担法律后果；三是如果所签无限期合同的任一方表示要终止合同，并按《劳工法》规定事前通知，另一方也同意；四是无期限合同下雇主或劳工在有充分理由的情况下均可解除合同，并提前 30 天向另一方发出书面通知。

计时工的通知期限为：工作半年以上 1 年以内的，提前一周通知；工作 1 年以上 5 年以下的，提前两周通知；工作 5 年以上的，提前 1 个月通知。

在下列情况下，雇主可不经劳方同意而解雇劳方：雇员提供伪造的国籍、身份、证明和文件等；在实习、试用期间；因雇员所犯错误而导致雇主大量物质损失；雇员在已知安全生产规则的情况下，违反安全生产条例；雇员不履行雇佣合同所规定的基本义务，而且不听警告；雇员泄露公司的机密；雇员被政府法庭判决违背了公共道德、信誉、诚实；雇员被发现醉酒或在工作时间醉酒；雇员威胁、挑衅雇主、值班经理或同事；雇员在1年中无故连续旷工7天以上或不连续旷工20天以上。

在下列情况时，雇员可以不经资方同意而离职：一是雇主不履行合同中或《劳工法》中所规定的应尽的义务；二是雇主或其代理人威胁、殴打雇员。

4．外籍员工的特殊规定

外籍劳务人员进入阿联酋，须由当期企业担保，经人力资源与本土化部发放许可后才可以工作。人力资源和本土化部在核定工作许可时，主要审核事项包括以下几方面：一是外籍劳务人员需年龄在18岁至60岁之间；二是外籍劳务人员应具备在阿联酋有用的专业或学术资质；三是外籍员工持有的护照有效期须在6个月以上；四是外籍劳务人员须身体健康，即需要提交阿联酋医务机构出具的未患重大疾病的体检证明，且身体条件适应所从事的工作。

外籍劳务人员在进入阿联酋前，应与雇主签订雇佣合同。雇佣合同分为有限期与无限期两种，其中有限期雇佣合同最长不超过4年。合同必须使用阿拉伯文，可同时使用英文。需要特别指出的是，来自中国的雇员可以按新劳工法的要求提供中文版本合同。合同需采用人力资源与本土化部规定的标准格式合同，合同内容的要件包括签订日期、生效日期、合同期限、工作性质、工作地点、工作类型以及工资薪金等。除非经阿联酋相关部门批准，标准劳动合同不得更改、替代或新增条款。雇佣合同一式三份，一份由外籍劳务人员保存，一份由雇主保存，第三份交所在酋长国的人力资源与本土化部门保存。雇主应在雇员到达阿联酋的 60 天之内为雇员办妥劳工卡。如果雇主没能在规定时间内为雇员办理劳工卡，则雇员在阿联酋工作就是违法行为，雇主将被处以罚款。劳工卡有效期为 3 年，劳工卡过期后，不得继续在阿联酋工作。如果雇佣双方表示满意，可以更换同等期限的新卡。更新必须在到期日后的 60 天内完成。超过 60 天期限的，雇主必须能得到特别的司法文件，才能继续得到更新，但需要交纳相当于罚金的延迟更新费用。外籍劳务人员在阿联酋境内迁移时，应随身携带劳工卡。

外籍劳务人员应在服务期满后迅速离开阿联酋，否则属于非法居留。雇主可采取如下措施，以确保不在本企业雇员中发生非法滞留：一是取消工作许可，将他们遣返至原处或双方同意的其他地方，遣返费用由雇主承担；二是如果劳务人员转换担保为其他雇主工作，由新雇主在服务期满后承担遣返费用；三是由于劳务人员的原因解除合同，如果劳务人员有能力的话，遣返费用自负；四是如劳务人员死亡，棺材及运费由雇主承担。

5. 其他特殊规定

（1）对青少年的保护。阿联酋严格禁止雇佣 15 周岁以下少年儿童；禁止青少年在夜间工作；青少年一天最多工作 6 个小时，同时不得连续工作 4 个小时以上。

（2）对妇女的雇佣。妇女不得在夜间工作；如果女职工在一个单位工作 1 年以上，就可有 45 天产假，产假期间工资照发。产后，如果有权威性的医疗或卫生部门证明因健康原因无法恢复工作，还可有停薪留职的 100 天假期；产后 18 个月的哺乳期内，女职工每天可增加两次工休时间，每次不超过半小时，不扣工资；女职工与男职工同工则同酬。

（3）工资发放形式。对于支付年薪或月薪的雇员，应至少每月付一次；其他工人应至少每两周付一次。对于每天按计件付工资的雇员，日薪应按其在试用期间所得的平均工资为基础计算。

（4）关于工会。在阿联酋，工会组织是被禁止的。

（5）关于最低工资。1980 年阿联酋实施的《劳工法》做出了关于最低工资的规定，但到目前为止，还没有实施。

（二）巴基斯坦

1. 关于节假日与工作时间

巴基斯坦现实行每周 5 天半工作制，周五下午为礼拜时间，周六正常上班，周日为公休日。工作时间一般为上午 9 点至下午 3 点。为应对能源危机，夏季用电高峰季节，巴基斯坦一般实施每周 5 天工作制，周六、日为公休日，政府部门工作时间改为上午 9 点至下午 4 点，工商企业晚 8 点前关门。

巴基斯坦的节假日分为两种，一是宗教节日，包括伊斯兰历元旦、先知穆罕默德诞辰日（3 月 12 日）、开斋节（10 月 1 日）、宰牲节（12 月 10 日）；另一种是政府规定的全国性的节日，包括国庆日（3 月 23 日）、劳动节（5 月 1 日）、独立日（8 月 14 日）、国防日（9 月 6 日）、伊克巴尔诞辰日（11 月 9 日）、国父真纳诞辰日（12 月 25 日）。

巴基斯坦国内雇佣 20 名工人以上的工商企业须与雇员签订雇佣合同，合同要件包括雇佣性质、雇佣期限、职位、工资福利等。

其他机构，如家政服务员、临时工等，无需签订书面合同，法院可以根据劳动事实确定劳动关系。

对于长期工，除其行为不当的情况外，不能以任何理由终止其服务，除非由雇主提前1个月通知或给予1个月工资作为补偿，或是由雇员本人选择离开其服务的岗位。1个月的工资是以雇员最近3个月平均工资为基础计算得出的。其他种类的工人不享受提前1个月通知或是1个月工资补偿。所有的劳动合同无论以何种形式终止都必须以书面文件的形式说明终止合同的原因。如果工人对终止合同的规定不满，可在3个月内，通过其领导或是工会组织，以书面形式向其雇主告知其不满。终止服务的形式包括开除、裁员、解雇、遣散。为避免形形色色的权力滥用、受害或不公平的劳动实践，劳动法庭被授予检查、干涉的权力，以查清是否违背了公平原则以及雇主的行为是出于诚实守信还是不公正。

关于工作时间，《工厂法案》规定，18岁以下的年轻人不得被要求或允许其每天工作超过7小时，每周不得超过42小时；18岁以上的雇员，雇主不得要求其每天工作超过9小时，每周工作不超过48小时，斋月期间应相应减少雇员的工作时间；季节性工厂中，18岁以上员工，每天工作时间不得超过10小时，每周工作时间不得超过50小时；[1]在斋月期间，制造业、商业和服务业机构还应遵守特别的缩短工作时间的规定。

雇员每年可带薪休假两周(孕产妇为6周)，事假10天(全薪)，

---

[1]所谓季节性的工厂，是指安全从事下列一项或几项加工过程的工作，即轧棉、棉或棉麻轧花、咖啡、靛青、橡胶、糖或茶叶生产。如果员工在季节性工厂所从事的工作由于技术原因必须全天持续工作，则成年工人一周工作时间不得超过56小时。

病假 16 天（半薪），公众假期 13 天（全薪），雇员还可以享受政府临时规定的其他假期。雇员如在公众假期上班可同时享受双薪及调休。穆斯林雇员参加朝觐可请假两个月。

近半个世纪以来，巴基斯坦政府颁行一系列法案，为企业雇员建立了各种形式社保基金。一是准备基金，由雇主和雇员分别按雇员每月工资的 8.33% 缴纳；二是工人福利基金，适用于年收入不少于 10 万卢比的公司，这些公司按照公司总收入的 2% 存入当地银行账户，基金目的用于住房、福利、教育和工人技能培训等，以上人群按照收入的 2% 收取；三是工人利润参与基金，要求每个工业公司将利润的 5% 交由基金受托管理委员会按照不同比例分给工资级别不同的工人，以提高工人生产积极性；[1]四是老年救济金，适用于雇员 10 人以上的公司或机构，用于保障雇员的利益，包括养老金、老年补贴、伤病残疾补助金等，雇主交纳工人最低工资的 6%，雇员交纳最低工资的 1%。

2. 关于工伤补偿

1923 年《劳工赔偿法》规定，劳工如在工作期间发生工伤、疾病或死亡时，资方应向劳工本人或其法定继承人支付经济赔偿。劳工发生的伤亡情况不同可获得相应赔偿。当劳工因公死亡或因公导致永久性重度残废，资方应向劳工的继承人或劳工本人支付 20 万卢比的经济补偿；劳工因公导致永久中度或轻度残废，可根据伤残程度计算经济补偿金额；如劳工因公导致临时性残废，资方应在不超过 5 年期限内每月按其工资的 50% 支付经济赔偿金。

1968 年《工商业法》对劳工离职做出重新规定，即合同劳工如发生离职或被辞退，应按其最后一个月的工资标准支付离职

---

[1]木子.巴基斯坦的社会福利 [J].南亚研究季刊, 1996 (1)：60-69.

金；计件劳工离职或被辞退，应按照该劳工此前工作的 12 个月中最高月工资支付离职金。

3．关于劳动争议

巴基斯坦政府在每个城市市政府都设有劳务处，负责处理辖区内企业劳务纠纷事宜。根据巴基斯坦劳工法规定，巴基斯坦劳工部负责向员工数超过 100 名的国内企业派遣一名专职劳务官，专门负责协调和处理劳资纠纷。如果劳资双方的纠纷未能通过协商达成一致，其中任何一方均可向当地劳工法庭提出申诉。法庭针对申诉做出的判决双方需无条件执行。

《劳动关系法》对于集体劳动争议程序进行了明确规定。当雇主或集体谈判代理发现劳资纠纷已经出现或有可能出现，可以以书面形式向纠纷的另一方表达其观点。在收到通知后，另一方有 15 天的时间（如双方同意也可延长）通过磋商尝试解决纠纷。如果双方未能达成解决方案，雇主或集体谈判代理可以在另外的 15 天内，向对方提出和解，并向调解员和劳动法庭提交一份和解建议书。如果在调解员或三方组成的调解委员会的主持下，争议得以解决，要向省级或联邦政府书面报告，并提交劳动争议解决备忘录。如果未能和解成功，调解员将劝说双方将其争议提交给仲裁员。如果双方同意，他们可以向双方都同意选择的仲裁员联合提交书面要求。该仲裁员将在 30 天之内，或者双方都同意的时间内，做出仲裁。仲裁员的仲裁结果是最终裁决，并且在两年内有效。仲裁结果须提交给省或联邦政府，在官方公告上发布。

4．外籍员工

巴基斯坦国内劳动力总体受教育程度较低，缺乏技术专家、管理人员和熟练的技术工人，因此，巴基斯坦政府对外籍劳务人员进入该国工作没有做出限制性要求，仅规定外国管理人员和技术人员赴巴基斯坦工作，需提交护照信息、专业资格证书、雇用单位资信证明文件等申请资料向巴基斯坦投资委员会（BOI）提出申请，通过审核经由该委员会推荐后通过巴基斯坦外交机构申办工作签证，签证期限两年，如护照有效期低于2年，则与护照有效期相同。

1987年，巴基斯坦与中国签订互免签证协议，规定中国公民持公务、公务普通护照可免签入境，但在入境后3个月内需向巴方内政部下属移民与护照局申办居、停留签证；但拟进入巴控克什米尔等地区工作的人员需向内政部申请许可证。此外，进入巴基斯坦境内的中国公民应尽快在常驻所在地警察局办理外国人登记手续。

入境后签证延期手续由巴基斯坦内政部护照签证处或各省的内务部门负责办理。如果签证已经过期，外籍人员应尽快到相关部门缴纳一定罚款，申请办理签证延期手续。

5. 其他特殊规定

（1）关于最低工资。巴基斯坦政府实行最低工资制度。部分省份出台了最低工资法案，针对违反最低工资的行为制定了惩罚性措施，最高可判处罚金5万卢比和拘留1个月。[①]近些年来，随着巴基斯坦经济的好转，政府逐年提高最低工资标准。2012年将最低工资由每月7000卢比上调至8000卢比，2013年再次上调至每月10000卢比。

（2）关于工会。巴基斯坦宪法赋予建立工会组织的基本权利，

①商务部. 巴基斯坦信德省议会通过省内最低工资法案 [EB/OL]. 中国就业网（www.lm.gov. cn），2016–12–9.

因此，工会组织众多，近些年来，工会力量逐渐壮大，在维护工人权利方面开始发挥越来越大的作用。2002年，《工业关系法》颁布施行，该法对于成立工会和工会活动有明确规定，仅允许工业生产部门成立工会，而社会公共服务部门，包括银行、交通、教育、医疗、通讯、邮政等，均不得成立工会。2005年，工会联合会、劳工联合会和国家工会联合会合并组成的巴基斯坦工人联合会是巴基斯坦国内最大的工会组织，在巴全国设有8个办事处，拥有419个成员组织和88万会员，是国际劳工组织和国际自由劳工联盟的成员。最近几年，因抗议国企私有化、宗教问题以及税收等原因，巴基斯坦发生数起罢工事件，其中反对巴基斯坦航空私有化的罢工及游行示威导致流血冲突。2015年以来，在巴基斯坦中资企业未发生大范围罢工。

（3）关于妇女和儿童。对于妇女，《妇女产期福利法案》(1958年)规定，工人在完成4个月的雇佣期的工作后，可享受6周的产前和产后假，其间她应享受最后一个工作月份薪金的报酬标准；该法案适用于所有雇用女工的工业和商业机构，部族地区除外。对于儿童，巴基斯坦宪法规定，禁止工厂、矿区和其他有害环境雇用年龄低于14岁的儿童；保护儿童、消除文盲和提供最低义务教育以及规定确保公平和人道的工作环境，确保儿童和妇女不会受雇于不适合其年龄和性别的工种等作为巴基斯坦方针政策的原则。《工厂法案》规定，企业可以雇用14至18岁的儿童，但必须获得由鉴定医生出具的健康证明，且确实适合此项工作；儿童工作每天不超过5小时；任何一天工作时间都不能延长至超过7个半小时；不允许在工厂工作的儿童或青少年在19点至6点间工作；不允许任何一个在一家工厂已经从事工作的儿童在另一家工厂兼职工作。《儿童雇佣条例》规定，任何违反宪法雇用儿童或允许儿童工作的人都可被处以最高一年的监禁或罚款20000卢比或两者并用。对再次违法的行为最高可处以两年监禁，最低不少于6个月。

（4）关于集体谈判和协定。《工业关系法》规定，经登记注册的、不记名投票选举产生的集体谈判代理有资格就与工作、不工作、工作条件或按照法律规定赋予集体谈判代理或任何工人的权利保障或任何奖励或协议等有关的事务与雇主进行集体谈判；集体谈判代理制定集体合同，包括就业条件、工资和薪金、工作时间、休假权利和报酬、工作绩效水平、工作等级、离岗、裁员、病假工资、年金和退休安排等，还包含在机构中为行业工会活动提供条件和包括不满和纪律程序等情况在内的劳资纠纷的解决程序等内容。集体合同确定了劳资双方的义务，一旦为协议双方相应执行，就形成法律条文。

（三）马来西亚

1．关于节假日与工作时间

由于马来西亚是一个多民族国家，各宗教的节假日共同构成了全国性节假日，主要包括元旦、穆罕默德诞辰、春节（华人）、劳动节、卫塞节、最高元首诞辰、开斋节（穆斯林）、国庆日（又称独立日）、马来西亚日、哈芝节（穆斯林）、回历元旦、圣诞节。这些节假日中，除少数日期固定外，其余的具体日期由政府在前一年统一公布。除全国性节日外，各州还有自己规定的节假日。

《雇佣法》（1955）规定，雇员每天工作时间不得超过8小时，或每周48小时；超时加班工作的补贴为平时工作的1.5倍，假日及假期则为2倍；雇主不得要求女性雇员在晚上10点至早上

5 点之间从事工业或农业类工作。

2. 关于工伤赔偿

关于工伤补偿，马来西亚制定了一系列法律法规，进行了详细规定。马来西亚政府按人员的不同建立了三类工伤赔偿体系。第一类是外籍劳工工伤保险，该保险体系可上溯至 1952 年颁布实施的《劳工赔偿法》，要求雇主必须为受工伤的雇员支付赔偿，或在商业保险公司为员工购买工伤保险。第二类是雇员伤害保险计划（EIS）和伤残补助计划（IPS）项目，该项目适用于月工资不超过 3000 林吉特的所有年龄在 55 岁以下的签订劳动合同的雇员或学徒。由雇主和雇员共同缴费，以职工月工资额为基数在雇主和雇员中分担，分担比例以雇员工资收入而定，工伤赔偿项目包括：伤残补助金、护理津贴、遗属抚恤金及丧葬抚恤金。第三类是 EIS 项目，适用于年龄超过 55 岁但在劳动市场上继续工作的劳动者及 50 岁之前没有参加 EIS & IPS 项目的劳动者，由雇主以员工月工资额为基数承担相应的缴费责任；工伤赔偿项目包括医疗保险、误工费、永久伤残补助金、护理津贴、康复治疗及雇员亲属的丧葬津贴。第二类和第三类是专门针对本国国民及永久居民建立的工伤赔偿体系。[1]

另外，1994 年马来西亚还颁布实施了《职业安全及卫生法》，对工伤预防做了详细规定，赔偿项目包括伤残员工医疗护理、生活维持、家庭照顾等方面。

马来西亚政府通过几十年的建设，终于建立了完整的工伤保险制度。实际运作过程，也反映出了该赔偿体系尚有待完善之处，

---

[1]张协奎, 刘伟, 黎雄辉. 东盟国家的工伤保险制度 [J] 广西大学学报（哲学社会科学版），2015（05）：71-79.

突出表现在现行工伤赔偿体系存在着重赔偿、轻工伤预防与职业康复的不足。

3. 关于劳动争议

马来西亚政府处理劳动争议有两套法律体系,即《雇佣法》和《劳资关系法》,二者相互补充。《雇佣法》授权劳工部劳工局局长即劳工总监主持劳工法庭处理涉及金钱支付义务的权利争议。具体程序如下:(1)申诉方向劳工总监递交书面诉状,陈述争议的内容及其寻求的救济;(2)劳工总监收到诉状后,进行立案;(3)劳工总监传唤被申诉方,告知被申诉事项、庭审时间和地点等事宜;(4)开庭审理,根据证人及证据,就争议的事项作出裁决,如被申诉人无正当理由拒不到庭,可做缺席审理;(5)劳工总监将裁决结果按法定形式进行发布,并转送地区法庭或地方治安法庭,由其执行裁决。《劳资关系法》旨在规范劳资关系、预防和解决劳资争议,处理机关是工业法庭,通常包括一个总主席、一个代表雇主的小组委员会和代表雇员的小组委员会。在裁决过程中,雇员代表、雇主代表可聘请律师进行辩护。裁决采用多数制,如果不能达成多数,由法庭主席决定。争议也可以通过庭审前和解进行了结。工业法庭作出的裁决是最终裁定,不能在任何其他法院被挑战、上诉、审查或质疑。工业法庭可将裁决结果上交高等法庭,由后者对裁决结果进行重新认定,可维持原裁决,也可重新作出裁决。[①]

4. 外籍员工

马来西亚政府鼓励用工本地化,但对于劳动力短缺的行业,如建筑业、种植业、服务业和制造业,则允许雇佣外国劳工持工

---

①蔡德仿,苏金锐. 马来西亚劳动争议处理制度初探 [J]. 创新 .2010(02):102-105.

作许可进入马来西亚工作。外籍员工也可以担任公司管理职务，但职位数和任职年限与外国公司认缴的资本的多寡相关。

为了吸引优秀人才，马来西亚实行居住证制度。居住准证有效期长达 10 年，且直接登记在外籍员工个人名下，不受雇主单位限制，配偶及未成年子女享受同等待遇，配偶持居住准证可以在马来西亚参加工作，成年子女及父母、岳父母均可获得为期 5 年的访问或探亲签证。

5．其他特殊事项

（1）关于社会保险。1969 年马来西亚政府颁布实施《雇员社会保险法》，开始建立职业伤害保险计划与养老金计划，其中职业伤害保险缴纳比例为雇员月薪的 1.25%，养老金缴纳比例为雇员月薪的 1%。1991 年，马来西亚政府施行《雇员公积金法》，要求雇主必须为雇员缴纳公积金，比例不少于雇员月薪的 11%；从 2008 年起，马来西亚政府多次调整雇主和雇员缴付公积金比例，大体维持在 11%~12%。

（2）关于妇女雇员。马来西亚政府法律规定，禁止女性雇员夜间工作；女性雇员必须有了一段连续 11 个小时休息时间后，方可以开始一天的工作；禁止女性雇员从事低下工作。同时，法律还给予产妇和孕妇充分保障，包括享受产假、生产津贴等，雇主不得因为女性雇员生产、怀孕等辞退和解雇。

（四）沙特阿拉伯

1．关于节假日与工作时间

沙特主要民族是阿拉伯民族，节假日自然与该民族有关。沙特主要是三大节假日，一是开斋节，一般为回历的 9 月 25 日至 10 月 5 日；二是宰牲节，为回历的 12 月 5 日至 12 月 15 日；三是国庆节，为公历 9 月 23 日。

周五为休息日。在通知所在地劳动厅后，雇主可以将休息日改在一周中的任何一天，但是应该给予他们可以完成他们的宗教义务的时间，不可用现金补偿的方式占用每周的休息日。

关于劳动时间，《劳工法》规定，雇主按天发放工资的，雇员每日工作不得超过 8 个小时；雇主按周发放工资的，雇员每周工作不得超过 48 小时。斋月期间，穆斯林雇员工作时间缩短至每天 6 小时或每周 36 小时。同时，经劳工部部长确定的部分雇员的工作时间可以延长至每天 9 个小时，某些工种由于高危或有害的原因，每天最长工作时间不得超过 7 个小时。另外，经劳工部部长批准，部分需要轮班的企业，雇主可以适当延长工作时间，但平均工作时间不超过 3 周，或者低于每天 8 小时或每周 48 小时。不允许让雇员不休息、不礼拜、不吃饭连续作业超过 5 个小时，而每一次休息、礼拜、吃饭的时间不得低于半个小时，同时不让雇员留在工作地点每天超过 11 个小时。

在节假日所有时间工作都是加班。加班时间，雇主应发放相当于基本工资 50% 的加班费。

雇员每年可有权享受一次不少于 21 天的带薪年假（连续为雇主服务 5 年以上的不少于 30 天）。雇主不得以现金方式替代雇员年假。

另外，雇员还有权获得 1 天的带薪生日假，3 天的带薪婚假或丧假。

2．工伤赔偿

沙特法律规定，如果雇员遭受工伤或者职业病，雇主必须负责治疗，并承担由此产生的直接或间接费用，包括住院费、医疗检查与化验费、放射费、辅助器材费及转院费。旧病复发或者并发症也视为工伤，津贴及医疗费用的比例按照工伤的相关规定执行。

雇员因工受伤暂时失去工作能力，有权获得现金补贴，其金额在30天内相当于工资的全额，在接下来的治疗期间相当于工资的75%；如果治疗时超过一年，或者医疗报告显示他已没有康复的可能，已不能再进行工作的话，那算为完全失去工作能力的工伤，终止合同并进行工伤赔偿；而雇主也无权索还这一年内支付给伤者的医疗费用。如果因为工伤而长期丧失劳动能力，或者因工伤死亡，受工伤者或其亲属有权获得赔偿，金额相当于该雇员3年的工资，最低5.4万里亚尔；如果因工伤而长期丧失部分劳动能力的话，受工伤者有权获得赔偿，金额相当于用根据可靠的伤残比例表评定的伤残比例乘以长期完全丧失工作能力的赔偿金额。

同时法律规定，对于雇员有意受伤，或工伤是由于雇员有目的的不正当行为所致，或雇员拒绝就医，或者无故拒绝接受雇主委派的医生的治疗，雇主无需支付相关赔偿费用。

3．劳动争议

沙特法律规定，解决劳务纠纷的机构分为初级解决纠纷结构和高等解决纠纷机构。

初级解决纠纷机构可以针对以下情况进行终审：一是劳务纠纷，涉及金额不超过1万沙特里亚尔；二是员工对用人单位发放的报酬不满；三是对于违反本法规相关条例的纠纷，处理罚款不超过5000沙特里亚尔的案件，罚款总金额不超过5000沙特里亚尔。也可以对于以下情况进行初审：一是劳务纠纷，涉及金额超过 1 万沙特里亚尔的案件；二是工伤赔偿纠纷，无论涉及金额多少；三是辞退员工纠纷；四是对于违反本法规相关条例的纠纷，罚款超过 5000 沙特里亚尔的案件，五是对违法行为判处罚款或死刑的案件。

高等解决纠纷机构的每个办事处都可以进行案件的终审，分阶段进行，负责所有来自初级机构办事处提交的上诉。

上诉周期为自初级解决纠纷机构提交决议后的 30 天，从确定决议送达之日起。如果初级机构办事处在规定期限内未提交上诉，则将上一条中的决议作为用于执行的最终决议，高等机构办事处的决议应从发布之日起开始执行。

上诉被视为紧急事项。两个机构都不接受任何关于要求争取在本法规规定中的权利的上诉，及在劳务关系结束 12 个月之后由劳务合同产生的纠纷的上诉。生效 12 个月后，不接受任何关于要求争取在以前的劳务法规定的权利的上诉。在纠纷发生 12 个月后，不接受任何对于违背本法规的规定条例及决议的纠纷上诉。

劳动合同双方可以以仲裁的方式根据合同规定来解决纠纷。

双方也可以在分歧产生后私下和解。在任何时候都可以按照国家相关法律法规及执行条例来解决。

劳动纠纷双方都不可以因本章所述机构公布的最终判决而在该机构或其他司法机构内挑起冲突。

在执行调解或仲裁程序期间，或向本章所述的机构之一上诉期间，对于造成员工的伤害的现行的劳务条款，在开始执行调解程序之前，用人单位不可以进行更改。

机构可以判决败诉的一方支付胜诉的一方仲裁期间所产生的

所有或部分费用。

4．外籍员工

外籍员工必须获得沙特劳工部颁发的工作许可证后才能进入沙特境内工作。外籍员工只有符合以下条件才能获得劳工部的批准，一是通过合法途径进入沙特；二是具有沙特所需的相当的技术能力或学历，沙特公民不具备或者是现有人数不能满足需求，或者是沙特所需的普通工种；三是与雇主签订合同，受雇主担保。

外籍员工来沙特工作，需与雇主签订书面劳动合同，并注明合同期限，如果合同里没有明确注明合同期限，那么工作许可证的期限即为合同期限。

雇主负责招聘外籍雇员所需的一切费用、获得与更换居住证及工作许可证的费用，以及延迟办证所产生的罚款、更换职业的费用、出境及入境所需费用、双方之间的劳动关系终止后，雇员的返程机票费用。

2006 年 7 月 15 日，沙特政府实行外国劳工强制健康保险，由雇用劳务人员的公司或个人向被雇用者提供，没有健康保险的外国劳工将无法续延工作签证。

如果外籍雇员不适合所要求的工作，或者无正当理由，则由雇员自己承担返程费用。

如果外籍员工在沙特境内死亡，则雇主必须承担遗体运送相关费用。

5．其他特殊规定

（1）关于最低工资。

2012 年，沙特政府针对国营部门工作的沙特人设定了每月 3000 里亚尔（约合 800 美元）的最低工资制度标准，但该标准不适用于私营企业和外籍员工。2015年，劳工部将私营行业的沙特籍劳工最低工资标准调整为1412美元，同时将外籍劳工最低工资标准调整为666美元。

（2）关于特殊人群。

第一，关于残疾人。沙特政府规定，雇员超过25人以上的企业，如果有适合经过培训的残疾人工作的岗位，则雇主必须按不低于雇员总人数4%的比例招聘残疾人；残疾人在工作期间因为工伤丧失劳动能力，雇主必须为其重新安排一份合适的工作，且薪酬不变，工伤赔偿不能有任何减免。

第二，关于妇女。沙特法令规定，妇女应从事符合其生理特点的工作，不可以从事危险和对身体有害的工种和职业，禁止或限制妇女在特殊条件下工作；未经劳工部部长批准，女员工不可以在夜间工作，不得连续工作超过11个小时；女员工有权在产前4周，产后6周休产假，预产期有医疗机构出具的证明为准，或根据卫生部门出具的医疗证明；女员工禁止在产后6周内工作。女员工在用人单位工作年限为1年或超过1年，产假期间，用人单位应支付女员工全额工资的一半，如工作年限为3年以上，则应支付全额工资；全薪产假与全薪年假不能同时享受；用人单位应在女员工怀孕和哺乳期提供医疗服务；用人单位不可以在女员工休产假期间将其开除，也不可以在女员工因为怀孕而生病期间将其开除；用人单位还应设立适合的场所和足够的保育员，单独或与其他单位共同设立托儿所，用以照看女员工6岁以下的孩子；女员工的丈夫去世，女员工有权在其丈夫死亡日起享有不少于5天的带薪休假。

第三，关于未成年人。沙特法律规定，不允许雇用15岁以下的未成年人，并且不允许其进入工作场所；13~15 岁的未成年人可以从事相对轻松的工种，但不可以从事有害其身体健康和成长的工作，也不可以使其旷课，缺席职业培训，损害其受教育的权利；未经劳工部部长批准，未成年人不可以在夜间工作，不得连续工作超过 11 个小时；在斋月期间未成年人每天的有效工作时间不得超过 4 小时，在其他月份每天有效工作时间不得超过 6 小时；在工作时间内，在没有短时或长时休息，进餐和祷告情况下，未成年人不可以连续工作 4 小时，且每次休息不得少于半小时，未成年人不可以在工作场所停留超过 7 小时。

三、熟悉相关国家和地区与中国政府签订的法律文件

（一）阿联酋

1984 年 11 月 11 日，中国与阿联酋建交。2012 年 1 月，时任国务院总理温家宝对阿联酋进行正式访问，就两国建立战略伙伴关系发表联合申明，双方就高层互访等 11 个方面达成共识。值得注意的是，两国政府决定"扩大两国在房建、路桥、铁路、电信等方面基础设施建设和高技术领域多种形式的互利合作"，为我国施工及相关工程建设类企业参与阿方合资合作铺平了道路。同年 3 月，阿联酋阿布扎比王储穆罕默德访华，双方表示，将在"一带一路"框架内加强能源、产能、金融、高科技、人文等领域合作，推动中阿战略伙伴关系全面深入发展。

其后，中阿两国关系呈现出全面、快速的发展势头。突出表现在以下几方面。

1.金融合作

2012 年 1 月 17 日，中阿两国中央银行在迪拜签署双边货币互换协议，规模为 350 亿元人民币（约合 200 亿迪拉姆），有效

期 3 年。

2015 年 12 月 14 日，中阿两国续签了双边货币互换协议，决定保持原有互换规模和有效期，并规定经双方同意可以展期。同时，中国人民银行宣布，批准阿联酋成为人民币合格境外机构投资者 (RQFII) 试点国家，投资额度为 500 亿人民币，允许符合条件的阿方机构在批准的额度内，运用来自境外的人民币资金投资境内证券市场。

金融合作，促进了中国与阿联酋的投资贸易便利化，必将促进中国企业参与阿联酋的投资与合作。

2．中阿共同投资基金

2015 年 12 月 14 日，中阿签署了关于设立中阿共同投资基金（下称"中阿基金"）的备忘录，正式设立中阿基金。中阿基金总规模 100 亿美元，一期规模 40 亿美元，双方各出资 50%。基金按照商业原则运作，投资方向为传统能源、基础设施建设和高端制造业、清洁能源及其他高增长行业。投资地域以中国、阿联酋以及其他高增长国家和地区为主。

中阿基金的设立对进一步深化中阿两国务实合作、参与"一带一路"建设、促进国际产能和装备制造合作具有重要意义。

3．产能合作

中阿建交以来，双方通过一系列协定的签署加强经贸合作，主要包括以下几方面。

1985 年 11 月 14 日，中阿两国政府签订《经济、贸易、技术合作协定》，决定在工业、能源、贸易、农业、投资及其保护、运输通讯、建筑、相互交流技术经验、培训干部以及将来双方同意的其他领域加强经济技术合作，促进和鼓励双方贸易往来；两国政府委任代表组建混合委员会，保障协定执行；有效期为 1 年，可自动顺延 1 年。

1993 年 7 月 1 日，中阿两国政府签订《关于促进和保护投资协定》，规定缔约各国应鼓励缔约另一国投资者在其领土内投资，为其创造良好的条件，并应用其法律授予的权力接受此种投资；缔约各国在任何时候都应保证给予缔约另一国投资者的投资和收益以公正和公平的待遇，投资者的投资在缔约另一国的领土内享有充分的保护和保障；投资一旦设立，投资应始终享受与缔约各国均为成员国的有关国际条约一致的充分保护和保障；缔约各国在其领土内给予缔约另一国投资者的投资和收益的待遇，应不低于其给予任何第三国投资者的投资和收益的待遇；缔约各国在其领土内应给予缔约另一国投资者有关投资的管理、维持、使用、享有、取得或处置或其他与此有关的活动方面的待遇不低于其给予任何第三国投资者的待遇。《关于促进和保护投资协定》的有效期为 5 年，期满后如无缔约国终止规定，则继续有效。

2007 年 11 月 5 日，中阿签订《关于双边劳务合作谅解备忘录》，就中方劳务人员进入阿方相关法律证件的办理、存款汇往中国或其他地区、劳动争议的解决办法以及备忘录执行机构等做出了明确规定。该备忘录有效期为 4 年，除期满后缔约一方提出终止外，有效期自动延长 4 年。

2017 年 5 月 2 日，中国国家发展改革委员会与阿联酋经济部签署《促进产能和投资合作的框架协议》，决定在平等互利的基础上，在两国法律框架范围内，加强油气加工、有色、建材、通信、可再生能源、轻工纺织和其他领域的产能与投资合作；协议期为 5 年，并可按同等条件自动延长期限。

（二）巴基斯坦

1951 年 5 月，巴基斯坦与中国政府建交，成为与新中国建交的第一个伊斯兰国家。建交以后，两国高层密切交往，通过一系列法律文件的签订，营造了良好的经贸环境，有力促进了两国政治、经济、文化等各方面交流。

表5.2 中巴两国经贸主要法律文件一览表

序号	日期	法律文件名称	主要内容
1	2005.4.5	中巴海关事务合作与互助协定	双方海关当局应根据本协定的规定在以下方面相互提供协助：采取措施便利和加快货物和旅客的往来；在防止和调查违反海关法行为方面开展合作和互助；应请求，相互提供用于实施海关法的信息；努力在研究、开发和运用新的海关手续、人员交流与培训和其他双方感兴趣的事项方面开展合作。
2	2006.2.21	中巴能源领域合作框架协议	中方同意协助巴方修建炼油厂、天然气终端、油气储备和转运设施。
3	2006.11.24	中巴自由贸易协定	对双方交易全部货物实施降税，还就与投资有关的定义、投资促进与保护、投资待遇、征收、损害补偿和投资争端解决等事项作出明确规定。[①]
4	2006.11.24	中巴经贸合作五年发展规划	确定今后 5 年中巴双方在基础设施和公用工程、农业、制造业、信息技术和电信、服务业等领域的合作思路及重点。
5	2008.10.15	中巴自贸协定补充议定书	在中巴自贸区框架下，对巴基斯坦境内"海尔－鲁巴经济区"等中巴投资区生产的货物以及双方有出口兴趣的货物，优先考虑削减或消除关税。

①龙小彪,周华荣.《中巴自由贸易协定》简评[J].重庆工商大学学报(社会科学版),2008(6).

序号	日期	法律文件名称	主要内容
6	2009.2.24	中巴自贸区服务贸易协定	巴方将在 11 个主要服务部门的 102 个分部门对中国服务提供者进一步开放；巴方大幅减少对中资的股比限制；中方将在 6 个主要服务部门的 28 个分部门对巴基斯坦服务提供者进一步开放。①
7	2011.12.19	中巴经贸合作五年发展规划	续签《经贸合作五年发展规划》，双方同意进一步加强海上安全领域合作，全面扩大文化、体育等人文领域交流与合作，决定互设文化中心，自 2011 年起，中方将在 3 年内向巴方提供 500 名政府奖学金名额。
8	2013.7.5	关于新时期深化中巴战略伙伴关系共同愿望	双方成立中国和巴基斯坦经济走廊远景规划联合合作委员会。
9	2014.2.19	中巴关于深化中巴战略与经济合作的联合声明	加速推进中巴经济走廊建设。
10	2015.4.20	关于建立全天候战略合作伙伴关系的联合声明	丝路基金开发巴基斯坦卡洛特水电站建设，积极推进巴方高速公路等重点合作项目及一批基础设施和能源电力项目建设。

（三）马来西亚

1974 年 5 月 31 日，马来西亚与中国建交，成为第一个与新中国建交的东盟国家。建交以后，中马两国政府积极推进双边合作，2004 年 5 月，两国确立战略性合作关系，2013 年，两国关系提升至全面战略伙伴关系。其间，两国政府签署了一系列法律文件，促进了双方经贸快速发展。

---

①吴婷 . 中国与巴基斯坦签署自由贸易协定 [N]. 中国证券网，2009.2.24.

表5.3　中马两国经贸主要法律文件一览表

序号	日期	法律文件名称	主要内容
1	1999.5.31	中马关于未来双边合作框架的联合声明	双方决定在平等互利原则的基础上扩大贸易、投资、银行、金融、国防、安全、教育、科技、信息、卫生、交通、环境、农业、林业、矿业、文化、旅游、青年和体育等领域的友好互利合作。
2	2004.11.29	中国—东盟全面经济合作框架协议货物贸易协议	此协议由中国政府与马来西亚等10个东盟成员国签订。协议就缔约国内税和国内法规的国民待遇、关税削减和取消、数量限制和非关税壁垒、保障措施等作出明确规定。
3	2009.2.8	中马双边本币互换协议	该项协议规模为800亿人民币或400亿林吉特,有效期为3年。2012年2月,中马两国央行续签协议,将互换本币规模提升至1800亿元人民币或900亿林吉特,有效期仍为3年,但经双方同意,可以展期。
4	2009.6.3	中马战略性合作共同行动计划	决定双方就马来西亚的桥梁、大坝、双轨铁路、商用建筑等诸多工程项目进行合作,该文件的签署为中国建筑企业提供了诸多机遇。
5	2009.6.3	中马关于部分互免持外交、公务(官员)护照人员签证的协定	缔约一方持有效外交或公务(官员)护照公民在缔约另一方入境和停留不超过30日,且入境目的如下所述,免办签证:1.正式访问(包括双边访问、参加会议或研讨会、商务或贸易洽谈、账目(账户)审计、投资目的、企业创建、签署条约);2.度假旅游;3.探亲;4.其他缔约一方主管机关同意之目的。
6	2011.4.28	中马关于扩大和深化经济贸易合作的协定	明确新形势下中马两国互利合作的原则、方向和框架。[①]

①杨纯红.《中马战略性合作共同行动计划》签署[N].中华建筑报,2009.9.6.

序号	日期	法律文件名称	主要内容
7	2013.10.5	中马经贸合作五年规划《2013—2017年》	明确了双边贸易发展路线图，确定了2017年达到1600亿美元的贸易新目标；2012年4月启动中马钦州产业园区建设，2013年2月启动马中关丹产业园区建设；该规划给中马双方经济合作注入新的动力。
8	2015.11.22	中国与东盟关于修订《中国—东盟全面经济合作框架协议》及项下部分协议的议定书	《议定书》包括序言及货物贸易、服务贸易、投资、经济技术合作、未来工作计划和最后条款等章节，还包括原产地规则、原产地规则操作程序、第三批服务贸易具体承诺减让表等附件。
9	2015.11.23	关于进一步推进中马经贸投资发展的合作计划	双方同意进一步扩大双边贸易规模，积极鼓励和支持双向投资，促进民营企业的参与，支持两国中小企业和服务机构之间的合作。
10	2015.11.23	关于加强产能与投资合作的协定	双方认为两国加强产能和装备制造合作潜力巨大，对于推动双边贸易增长、促进共同发展具有重要意义，同意进一步发挥各自优势，加强产能领域的合作。
11	2015.11.23	关于政府市场主体准入和商标领域合作谅解备忘录	双方同意促进市场主体准入和知识产权尤其是商标领域合作，共同支持知识产权权利相关的市场活动，促进双方信息和理念交流，便利知识产权权利人和潜在合作伙伴开展知识产权活动。

（四）沙特

1990 年 7 月 21 日，沙特与中国建交。建交以来，两国政府加强经贸合作，相互关系持续改善。2008 年 1 月 14 日至 15 日，温家宝总理出访沙特，中沙两国政府签订《关于加强合作与战略性友好关系的联合声明》，强调在战略框架下进一步提升关系。

2016年1月19日至20日，习近平主席对沙特进行国事访问，双方签订《中华人民共和国和沙特阿拉伯王国关于建立全面战略伙伴关系的联合声明》，决定将双边关系提升为全面战略伙伴关系，努力加强在政治、经贸、能源、人文、军事、安全等领域及地区和国际层面的密切合作，推动中沙关系迈向更高水平。建交以来，两国政府关于经济贸易签订了一系列法律文件，为经贸合作发展营造了良好的政治环境。

表5.4 中沙两国经贸主要法律文件一览表

序号	日期	法律文件名称	主要内容
1	1992.11.5	中国政府和沙特政府经济、贸易、投资和技术合作协定	缔约双方同意根据两国有效法律和法规，鼓励兴办工业、农业、畜牧业和技术发展项目，交换科技研究情报，交换各种商品和产品，为执行确定的合作项目互派和培训必要的技术专家。
2	2006.1.23	中国政府和沙特政府关于石油、天然气、矿产领域开展合作的议定书	两国政府同意开展能源领域全方位合作，不断完善两国能源对话机制与合作方式，全面提高两国能源合作水平以及扩大原油贸易，探索在储油设施、炼油、石化和销售方面的合作。
3	2007.6.23	中国商务部和沙特城乡事务部工程项目合作谅解备忘录	中国建筑企业可以直接参与城乡事务部的路桥、房屋、市政工程等项目招标，沙特其他一些部门参照此模式与中国企业合作，必将大大拓展两国工程领域合作的空间。
4	2008.6.21	中国政府和沙特政府关于加强基础设施建设领域合作的协定	双方在基础设施领域开展包括设计、安装、施工、生产、处置、建材供应和设备制造等合作。

序号	日期	法律文件名称	主要内容
5	2009.2.10	中国政府和沙特政府关于石油、天然气、矿产领域开展合作的议定书的补充谅解备忘录	在不违反双方所承担的国际法律义务的前提下，中国政府同意，中国国有石油企业将根据自身能力优先采购沙特原油；沙特政府同意，在非常情况下，若国际原油市场对中国原油供应突然中断，沙特将根据自身能力，向中国提供相当数量的原油。①
6	2012.1.15	中华人民共和国和沙特阿拉伯王国联合声明	积极促进经贸往来和相互投资，加强能源和基础设施领域合作，实现两国业已存在的合作关系全面发展；推动并鼓励两国官方和民间文化交流，鼓励双方在新闻、旅游、卫生和农业领域的交流与合作。
7	2016.1.20	中国商务部与沙特商工部关于产能合作的谅解备忘录	双方将提升在石化、汽车、家电、建材、物流、石油装备、清真食品等领域的产业合作，加强在工业园区建设和管理方面的合作和经验交流，鼓励企业参与工业、科技园区投资。

①任虎.中国与"一带一路"沿线国家能源合作法律制度研究 [J]..国际经济合作,2016（9）:
  90–95

参考文献

一、中文文献

1. 张利萍，邸敏学：《中国特色社会主义劳动关系理论述要》，《中国特色社会主义研究》，2013 年第 5 期。

2. 蒋泽中：《劳动关系理论与和谐构建研究评析》，《中国特色社会主义研究》，2012 年第 6 期。

3. 胡磊：《论马克思劳动关系理论在当代中国的拓展》，《社会主义研究》，2012 年第 5 期。

4. 张岩鸿：《主体认知视域下的劳动关系理论综述》，《特区实践与理论》，2012 年第 5 期。

5. 冯同庆：《劳动关系理论的中国应用及其不足与补救》，《经济社会体制比较》，2012 年第 5 期。

6. 朱飞，熊新发：《西方劳动关系理论研究的发展脉络和研究范式》，《学术论坛》，2012 年第 1 期。

7. 张嘉昕：《马克思经济学与现代西方经济学劳动关系理论的比较研究》，《经济纵横》，2011 年第 9 期。

8. 梁伟军，陈贵华：《私营企业和谐劳动关系理论分析与实证研究——基于武汉市的调查》，《经济问题探索》，2009 年第 5 期。

9. 冯同庆：《中国改革开放以来劳动关系理论研究的回顾》，《中国劳动关系学院学报》，2009 年第 1 期。

10. 王阳：《推动劳动关系理论研究促进劳动关系和谐发展——中国人力资源开发研究会劳动关系分会 2008 年年会观点综述》，《中国人力资源开发》，2008 年第 8 期。

11. 谢安邦：《工会协调劳动关系理论探索的历史回顾与启示》，《中国劳动关系学院学报》，2008 年第 4 期。

12. 李培志：《我国劳动关系理论和实务的再思考》，《中国劳动关系学院学报》，2008 年第 2 期。

13. 顾光青：《劳动关系：理论与不同模式的比较》，《学术月刊》，2007 年第 12 期。

14. 高爱娣：《利益一体和公私兼顾的劳动关系理论概述》，《中国劳动关系学院学报》，2006 年第 4 期。

15. 黑启明：《劳动关系理论研究的社会伦理视角》，《道德与文明》，2006 年第 3 期。

16. 黑启明：《论近代西方劳动关系理论发展的历史轨迹》，《河南大学学报（社会科学版）》，2006 年第 2 期。

17. 郭庆松：《当代劳动关系理论及其最新发展》，《上海行政学院学报》，2002 年第 2 期。

18. 郭志刚，司曙光：《基于社会交换理论的劳动关系微观结构模型》，《经济社会体制比较》，2010 年第 1 期。

19. 孙瑜，梁潇杰：《基于扎根理论的员工劳动关系满意度质性研究》，《社会科学战线》，2017 年第 2 期。

20. 吴克孟：《建筑行业农民工劳动关系确认的理论瓶颈与突

破——以非标准劳动关系理论为出路》,《北京市工会干部学院学报》,2017年第1期。

21. 李锐:《资本与劳动关系视域下的马克思异化劳动理论》,《社会科学家》,2016年第6期。

22. 汪居扬:《劳动关系与经济参与理论的视角变迁——从韦伯夫妇、马歇尔到雅诺斯基》,《宁波大学学报（人文科学版）》,2016年第3期。

23. 帅爱军:《基于公平理论的企业和谐劳动关系构建》,《农村经济与科技》,2017年第8期。

24. 于桂兰,梁潇杰,孙瑜:《基于扎根理论的企业和谐劳动关系质性研究》,《管理学报》,2016年第10期。

25. 李茗茗:《马克思主义工会理论对我国构建和谐劳动关系的现实意蕴》,《中国劳动关系学院学报》,2016年第6期。

26. 刘西涛,王炜:《基于组织承诺理论的和谐劳动关系构建研究》,《中国劳动》,2016年第8期。

27. 冯喜良:《构建和谐劳动关系理论与实务的有力探索——评〈法学维度下的劳动关系理论与实务问题研究〉》,《河北工业大学学报（社会科学版）》,2016年第2期。

28. 左雅晴:《基于共生理论的和谐劳动关系构建研究》,《中国劳动》,2015年第6期。

29. 曹燕:《和谐劳动关系正义秩序法律构建的理论框架》,《劳动保障世界》,2015年第5期。

30. 杨卫泽:《构建基于共生理论的企业和谐劳动关系体系》,《上海企业》,2015年第10期。

31. 王丽娜:《浅析我国劳动关系发展历程及工会实践研究》,

《北京市工会干部学院学报》，2016 年第 2 期。

32. 韩红蕊：《从劳动契约角度看近代以来中国劳动关系的发展历程》，《知识经济》，2011 年第 20 期。

33. 王双清：《国有企业改革及劳动关系发展历程综述（一）》，《中国工运》，2017 年第 1 期。

34. 夏青云：《"一带一路"视角下的劳动关系协调与沟通》，《海峡科学》，2017 年第 5 期。

35. 孙龙存：《中国与巴基斯坦教育提升国家竞争力的比较——基于 WEF 全球竞争力教育、培训、创新指数的分析》，《徐州师范大学学报（哲学社会科学版）》，2012 年第 3 期。

36. 蔡德仿，苏金锐：《马来西亚劳动争议处理制度初探》，《创新》，2010 年第 2 期。

37. 马明伟：《马来西亚、菲律宾、毛里求斯三国出口加工区劳动关系和工会工作》，《中国工运学院学报》，2001 年第 4 期。

38. 田权升：《马来西亚承包工程市场发展潜力预测》，《国际工程与劳务》，2017 年第 4 期。

39. 尚升平：《马来西亚建筑市场环境及特点》，《国际工程与劳务》，2014 年第 3 期。

40. 付润宝：《在马来西亚注册的中国工程公司马来西亚会计核算初探》，《中国外资》，2012 年第 15 期。

41. 甘燕飞：《东南亚非政府组织：源起、现状与前景——以马来西亚、泰国、菲律宾、印度尼西亚为例》，《东南亚纵横》，2012 年第 3 期。

42. 朱灿华：《建筑施工企业如何构建和谐劳动关系》，《价值工程》，2015 年第 9 期。

43. 彭学红：《施工企业劳动关系管理》，《经营管理者》，2015 年第 9 期。

44. 陈聪：《加强项目部文化建设是施工企业和谐劳动关系的基石》，《东方企业文化》，2014 年第 10 期。

45. 赵跃景：《施工企业劳动关系和谐策略探讨》，《中国外资》，2013 年第 20 期。

46. 欧邦云：《浅谈施工企业如何与劳务人员建立和谐劳动关系》，《东方企业文化》，2013 年第 10 期。

47. 刘晓宇：《构建和谐劳动关系促进建筑施工企业转型发展》，《才智》，2013 年第 14 期。

48. 王会娟：《浅谈如何在施工企业中构建和谐劳动关系》，《现代商业》，2013 年第 8 期。

49. 尹丽莎：《浅析建筑施工企业和谐劳动关系的构建》，《经营管理者》，2012 年第 13 期。

50. 谢清波：《农民工与建筑施工企业、包工头劳动关系辨析》，《江苏警官学院学报》，2012 年第 3 期。

51. 梁肖兰，刘斌：《水利施工企业劳动关系管理的法律风险防范》，《中国外资》，2012 年第 2 期。

52. 韩晓婷：《论沙特阿拉伯的劳工"沙特化"政策》，《西北大学学报（哲学社会科学版）》，2013 年第 5 期。

53. 杨强，李蓉：《从强制仲裁到劳动法庭：印度尼西亚劳动争议解决机制的晚近发展》，《东南亚纵横》，2012 年第 5 期。

54. 蔡德仿：《印度尼西亚劳动争议处理法律制度探究》，《改革与战略》，2013 年第 4 期。

55. 渠敬东：《构建和谐劳动关系须统筹兼顾》，《经济日报》，

2013.12.06。

    56. 杨阳腾:《将员工利益和企业发展捆绑起来》,《经济日报》,2016.01.20。

    57. 郑彬:《尊重劳动共促和谐》,《经济日报》,2016.06.01。

    58. 韩秉志:《构建中国特色和谐劳动关系》,《经济日报》,2015.04.10。

    59. 苏琳:《构建和谐劳动关系》,《经济日报》,2012.12.31。

    60. 陈郁,黄平:《传化集团:谱写和谐劳动关系之歌》,《经济日报》,2011.01.29。

    61. 宋晶:《和谐劳动关系重在机制建设》,《经济日报》,2011.12.12。

    62. 吕景春,王羡,张师岸:《合作型劳动关系:和谐劳动关系的前提》,《光明日报》,2015.12.23。

    63. 唐喜军:《企业协商民主:构建和谐劳动关系的必经之路》,《光明日报》,2015.09.02。

    64. 全哲洙:《构建和谐劳动关系是工商联促进两个健康的重要内容》,《光明日报》,2015.04.17。

    65. 张晓霞:《以多元化路径构建和谐劳动关系》,《光明日报》,2014.12.03。

    66. 崔子龙,张开心:《劳资共生共享与和谐劳动关系构建》,《光明日报》,2014.07.07。

    67. 项锋:《行业小智慧城市大和谐》,《光明日报》,2012.05.23。

    68. 王晓初:《稳定和扩大就业构建和谐劳动关系》,《光明日报》,2011.07.13。

69. 吴忠民:《努力构建和谐劳动关系》,《光明日报》, 2011.05.30。

70. 王燕琦:《共建和谐劳动关系》,《光明日报》, 2011.05.29。

71. 叶辉:《浙江用和谐文化构建和谐劳动关系》,《光明日报》, 2011.05.20。

72. 郭强:《和谐劳动关系的理想选择》,《光明日报》, 2011.04.07。

73. 王朝明:《和谐劳动关系是"香饽饽"》,《光明日报》, 2011.03.24。

74. 张玉华:《推进新常态下和谐劳动关系建设》,《人民日报》, 2015.08.21。

75. 李玉赋:《在构建和谐劳动关系中充分发挥工会组织作用》,《人民日报》, 2015.05.19。

76. 邓圩:《劳资诉求该咋对接》,《人民日报》, 2015.04.29。

77. 李德成:《积极构建和谐劳动关系》,《人民日报》, 2015.04.17。

78. 尹蔚民:《努力构建中国特色和谐劳动关系》,《人民日报》, 2015.04.09。

79. 赖德胜:《和谐劳动关系助圆中国梦》,《人民日报》, 2013.07.05。

80. 张鸣起:《以和谐劳动关系助推和谐社会建设》,《人民日报》, 2012.07.09。

81. 徐振寰:《创建和谐劳动关系实现企业职工双赢》,《人民日报》, 2012.06.06。

82. 姚雪青:《的哥带薪休假如何长久推行》,《人民日报》, 2012.05.24。

83. 徐宪平:《实施就业优先战略构建和谐劳动关系》,《人民日报》，2012.04.26。

84. 张建国：《加强和谐劳动关系的制度建设》，《人民日报》，2012.01.10。

85. 潘跃：《大力促进非公有制经济科学发展为促进就业和构建和谐劳动关系作出新贡献》，《人民日报》，2011.11.28。

86. 陈振凯：《青岛开发区和谐劳动关系如何炼成》，《人民日报》，2011.09.28。

87. 郭嘉：《让劳动者感受光荣与快乐》，《人民日报》，2011.08.25。

88. 潘跃：《做好工会推动构建和谐劳动关系各项工作》，《人民日报》，2011.08.18。

89. 刘维涛：《全国构建和谐劳动关系先进表彰暨经验交流会在京举行》，《人民日报》，2011.08.17。

90. 李青颖：《中国铁建工会与沙特麦加轻轨铁路项目联合组织开展"大干红五月"劳动竞赛》，《中国铁道建筑报》，2010.05.25。

91. 伍振，李云光：《中铁十八局集团构建劳动关系和谐企业》，《工人日报》，2010.05.14。

92. 赵月芬：《打造关爱外来工服务品牌构建劳动关系和谐企业——关于中铁十八局集团五公司第三项目管理部强化劳务管理的调研分析》，《环渤海经济瞭望》，2009年第12期。

93. 张建国：《当前我国劳动关系状况与发展趋势》，《工会信息》，2016年第28期。

94 刘晓云：《浅谈施工企业工会与党、政、团组织的紧密合作》，《管理观察》，2016年第2期。

95. 李禄宁:《完善平等协商机制切实维护职工权益——中铁十六局集团构建和谐劳动关系的思考》,《工会博览》, 2009 年第 7 期。

96. 王峰:《展铁军风采创和谐企业——中铁二局四公司创建劳动关系和谐企业纪实》,《四川劳动保障》, 2011 年第 12 期。

97. 林春杰, 安阳, 王刚, 李阳:《中国企业在阿联酋地区经营中劳动法律风险研究》,《中国市场》, 2017 年第 15 期。

98. 林春杰, 王刚, 阎京娥, 李阳:《中国工程设计企业在阿联酋地区经营中的人力资源管理模式选择与实践研究——基于管道工程有限公司阿布扎比分公司国际化人力资源管理实践》,《中国市场》, 2017 年第 13 期。

99. 陈少铃, 闫姝:《驻外国际项目人力资源管理策略——以石油公司阿联酋项目为例》,《中国人力资源开发》,2010 年第 2 期。

二、外文文献

1.JosephWallace, SiobhanTiernan: LorraineWhite. IndustrialRelationsConflictandCoilaboration: AdaptingtoaLowFaresBusinessModelinAerLingus, EuropeanManagementJournal, 2006(5)

2.MarkW, Frazier: ThemakingoftheChineseindustrialworkplace: state,revolutionandlabormanagement.Cambridge: CambridgeUniversityPress, 2002.

3.McCartanP: TowardsSocialPartnershipOrCooperativeIndustrialRelations, TheIrishJournalofManagement,2002（23）.

4.Delaney, JohnT., Godard, John: AnindustrialRelationsPerspectiveontheHighperformanceParadigm[M].

HumanResourceManagementReview，2001.

5.JohnP，Tuman：LaborMarketsandEconomicReforminLatinAm erica:AReviewofRecentResearch[J]，LatinAmericainResearchReview，2000(3).

6.CutcherGershenfeld，JoelKochan：InWhoseInterest?AFirstLo okatNationalSurveyDataonInterest-BasedBargaininginLaborRelations，IndustrialRelations,2001（1）.

7.J.R.Norsworthy，C.A.Zabala：WokerAttitudesandtheCostofPro ductionHypothsisTestsinanEquilibriumModel，EconomicInquiry,1990.